AF349248

Los **5** sentidos

Lola Gavarrón

Piel de ángel

Historia de la ropa interior femenina

Prólogo de Luis G. Berlanga

1.ª edición: marzo 1982
2.ª edición: abril 1988
3.ª edición: abril 1997

© Lola Gavarrón, 1982

Diseño de la colección: BM
Reservados todos los derechos de esta edición para
Tusquets Editores, S.A. - Cesare Cantù, 8 - 08023 Barcelona
ISBN: 84-7223-814-8
Depósito legal: B. 12.379-1997
Impreso sobre papel Offset-F. Crudo de Leizarán, S.A. - Guipúzcoa
Liberdúplex, S.L. - Constitución, 19 - 08014 Barcelona
Impreso en España

Indice

Prólogo

Al parecer, las mujeres no admiten fácilmente competencia objetal alguna en el ámbito de las seducciones y, cuando un caballero equivoca el turno de elogios, anticipando el continente al contenido, puede dar por perdidos los favores de la dama y por ganados los desprecios del entorno que, probablemente, lo considerará un desviacionista.

Ante esta reacción, me pregunto entonces por qué ellas han confiscado, a lo largo de los siglos, toda invención vestimentaria que, a cualquier nivel, pueda resultar atractiva. Está comprobado que, salvo los sostenes, todos los artificios —encajes, medias, tacones, pelucas, corsés y demás frufús y farfeluches— fueron atributos, no exactamente morales, lúcidos e inventados por audaces cortesanos en épocas esplendorosas y decadentes que, como es bien sabido, son aquellas en las que mejor se viste y se come, si se es rico.

De lo que no existe constancia es de si, con estos adornos, los susodichos ciudadanos aumentaron sus conquistas y de si manifestaron el mismo desdén que las féminas actuales hacia la pasión desen-

objeto de su guardarropa. En todo caso, el reinado masculino en la exuberancia y fantasía del ropaje duró poco, y la revolución industrial, apoyada en el puritanismo victoriano, acabó miserabilizando al hombre con la confección del gris marengo como color y tristeza indispensables para acceder al puesto de trabajo.

La pasión del fetichista por el liguero o el zapato podría interpretarse entonces como un deseo de retorno a un territorio perdido, como una nostalgia proustiana, en la que la madalena es sustituida por la media negra con costura, y el olor por el tacto o roce de un tejido sedoso. Contribuiría a esta tesis el enorme aumento del censo de trasvestís heterosexuales —según Kinsey y sexólogos actuales—, lo que vendría a significar que los hombres, en períodos en que parece debilitarse la puesta en escena de lo femenino, asumen el sacerdocio de salvaguardar la femineidad, reteniéndola hasta que el mujerío vuelva a aposentarse en ella como ya lo hizo en otras épocas.

En todo caso, parece evidente que la mujer no considera su vestición como una emoción o una ceremonia, no suele atisbar ciertas autosatisfacciones de su atuendo, no sabe exactamente por qué se adorna con aderezos no funcionales o incómodos y, en definitiva, ni siquiera está segura del destinario a quien ofrecer esta parafernalia de la parure. Sabemos que la danza vistosa y colorista del animal hembra ante el macho tiene fines genéticos, pero, en el animal humano, parece haber desaparecido el celo como inductor de los embellecimientos. Encuestándolas, son mayoría las que afirman vestirse por seguir la moda, competir con las amigas, o destacar entre la gente, lo cual daría un claro componente social al hecho de adornarse. Algunas, raras, veces hay mujeres que aceptan sugerencias de su pareja en la elección de prendas, pero esta sumisión a un gusto ajeno suele entrar en el juego víctima-verdugo, relación que algunas mujeres, pocas, pueden llegar a aceptar y que las obliga a ser portadoras forzadas de objetos eróticos que representan una cesación de su orgullo.

No obstante, a pesar de ese mecanismo de defensa, basado en pragmatismos biológicos, yo sigo preguntándome a qué se debe la anestesia femenina hacia tactos, olores, brillos, texturas y otros mundos artificiales que están ahí, emanando belleza y fascinación en su entorno sin que la mujer se sensibilice a sus encantos. Personalmente, hablo largo y tendido con ellas sobre este fenómeno e intento ayudarlas a descubrir sensualidades y ritualizaciones en la utilización del material amontonado en sus vestidores. Les susurro que me encanta casi todo lo que la mujer lleva en contacto directo con su piel. Les cuento que estoy escribiendo un relato que se titularía «La vestición», en el que, en contra de lo habitual en los episodios galantes, yo narraría la intensificación erótica de un hombre conforme fuera vistiendo, bajo cierto ritual, a su pareja. Les diga lo que les diga, todo resulta inútil en cuanto a la rentabilidad amorosa del lance. Salvo un encuentro en la terraza del bar del aeropuerto de Sevilla, con un fondo tecnológico nada apropiado al tema, donde pudo desarrollarse un interesante acuerdo sobre las posibilidades de encantamiento que un zapato, brevísimamente sostenido por la punta del pie y sabiamente balanceado, puede producir en un admirador de estas cosas, o sea yo, jamás he encontrado respuesta clarificadora a esta demanda, a esta indagación, no niego que interesada, sobre la posible participación femenina en el acto fetichista.

Yo sospecho que el libro de Lola Gavarrón, del que escribo el prólogo a ciegas, porque ella ha considerado oportuno hurtarme el texto con los mismos pudores con que escondían sus venerables tías la ropa interior, abrirá un debate sobre estas carencias que he apuntado y servirá al menos para cubrir un importante hueco en nuestra literatura. Su Piel de ángel llegaría a nuestras manos como una caricia táctil que desearíamos no acabara resbalando hacia el suelo como tantos otros tejidos, como tantos otros amores...

Luis G. Berlanga

A Diana Domingo

Desde ahora mi destino es atreverme a todo...

Vanina Vanini, Stendhal

*A este chulo meneo
y a aqueste garbo
las almas más rebeldes
quedan temblando.*

Obras, Diego de Torres Villarroel
(Ed. de Madrid, 1794-99, tomo IX, XV Vols.)

103322 — Par de ligas de raso verde con frisos de plata y la inscripción: «Torna niña la calma que robaste a mi alma».

Del *Catálogo del Museo de la Indumentaria.*
Colección Rocamora, Barcelona.

Agradecimiento

A Luis G. Berlanga, quien, en su despiste constitucional, ni siquiera sabía las joyas que tenía en su biblioteca y que saludaba, tan alborozado como yo, el descubrimiento de libros que me facilitaron mucho la vida.

A Néstor Luján, uno de los mejores coleccionistas de libros del país, quien, aunque no escudriñó en sus 18.000 volúmenes, lo hizo en los suficientes para darme nuevas pistas.

A Feli y Ramón Alba, de la librería Polifemo de Madrid, especializados en libros de viajes y aventuras, que desempolvaron con cariño libros raros y curiosos para mi tema.

Y a la panda de la librería Miraguano que, aunque no me encontraron gran cosa, lo intentaron con ahínco.

A Mari Paz de la librería Antonio Machado, feliz y experta librera, quien me ofreció aquel libro que yo no había sabido encontrar hasta entonces.

A los libreros de París, quienes amablemente me abrieron sus entresijos y, sobre todo, a la viuda de Eric Losfeld, quien revolvió su «Terrain Vague» con la misma pasión con la que lo hacía el surrealista Losfeld.

A los tenderos y tenderas del mercado de San Antoni de Barcelona, quienes siempre me ponían la boca agua hablando de las maravillosas revistas que acababan de vender a inquietas extranjeras y que, al final, se apiadaban de mi tristeza y rescataban espléndidos figurines del año de la polca.

A todos los empleados de la corsetería «La Jouvence» de Madrid, que todavía se enorgullecen de haber sido *fournisseurs* de Su Majestad la Reina Victoria y que me facilitaron interesantes catálogos para profesionales, así como detalles sobre los gustos de su clientela, que me han sido muy reveladores.

A las compañeras de mis clases de danza, a quienes espié a conciencia en la estrechez del lugar donde nos cambiamos y en quienes descubrí atuendos que pensaba olvidados para siempre.

A toda esa multitud anónima, que pasea sus desafiantes prendas íntimas por playas, piscinas, probadores de tiendas y restaurantes, ignorantes del efecto que causan a los ojos de esta cronista de la intimidad femenina, esperando no se hayan sentido molestas por el descaro e intensidad de mis miradas.

Y a todos ustedes, damas y caballeros, que se internan ahora mismo conmigo en el sugestivo mundo de los usos y costumbres íntimos de esos seres, entre rutinarios y mágicos, a quienes llamamos las mujeres.

Puesta en escena

Imagen insólita de Grace Kelly en un spot publicitario de
una serie titulada *Ligts Out*.

«—¿Dónde hay que ponerse su perfume?
»—Donde quiera usted que la besen...»

Respuesta de Coco Chanel a una joven americana
en los primeros días de la Liberación, 1944.

«Esa joven que acababa de entrar estaba como rodeada de un vapor... ¿vestida de fuego...?, hasta podría decir que, en ese lugar, el 29 de mayo de 1934, esa mujer era *escandalosamente hermosa*», escribía André Breton en *L'amour fou*, con esa precisión y plasticidad que caracteriza a los surrealistas; con ese amor por ir dejando piedrecitas, como Pulgarcito, de los momentos históricos en que se viven las cosas; con esa pasión por lo aparentemente efímero y cotidiano que, sin embargo, es el meollo mismo de lo extraordinario.

Este libro, que usted, amable lector, tiene ahora en sus manos, no pretende otra cosa que airear y sacar a relucir lo extraordinario de las cosas más absolutamente cotidianas y familiarizadas con nuestra vida. Porque, con esa prenda que automáticamente nos ponemos cada día, sin saberlo, nos estamos poniendo siglos de evolución, refinamiento y hasta de luchas por una mayor libertad. Esa prenda es el eslabón contemporáneo de una cadena que jamás se detiene y que nos remite constantemente a lo que fue antes y a lo que será mañana. Esas prendas, y sus posibilidades, funcionales o no, eróticas o no, son el tributo que pagamos por nuestra insondable pertenencia a una época determinada, y no a otra. De modo que podría decirse que, hoy, a 28 de junio de 1981, estimadas damas, están gozando ustedes de conquistas que no fueron suyas y están también diseñando la estética y la intimidad de momentos que no vivirán.

Este libro comienza y acaba casi en pañales. En esa especie de eterno retorno que simula la humanidad y que la mantiene siempre en las faldas de la madre naturaleza. Empieza y termina con *sans-culottes*. Empieza así porque tardarían mucho en inventarse sistemas de protección íntimos, cómodos y apropiados a la anatomía femenina. Termina así, porque, en el camino, se ha abusado tanto de mil ropajes ocultos que se vuelve instintivamente a una nueva simplicidad, a poco que las condiciones externas lo faciliten.

Este libro, como todos los libros de historia, bandea entre batallas perdidas y ganadas, y entre fetichismos y mitos que se suceden unos a otros, relegando cruelmente al más feroz de los olvidos la mitología anterior. Hasta que, un día apacible y de buen humor, nos sentamos languidamente a la mesa del tiempo dispuestos a recrearnos, sin prejuicios ni temores, en los gustos y pasiones de las que fueron nuestros abuelos y de las que fueron abuelos de los nuestros, para terminar reconociendo, como el sabio, que, aunque *no hay nada nuevo bajo el sol*, sí hay pequeñas novedades que nos hacen hijos de nuestro tiempo y que precisamente son nuestra garantía de contemporaneidad.

Habrá que ir avanzando, ya que, para la inmensa mayoría, la vida no pasa del estado del *sans-culottismo* y que es precisamente en el terreno de lo oculto, de lo no visible, de lo que sugiere, pero que no se enseña, donde mejor se aprecian las diferencias nacionales por un lado y de clase por otro. Reducto de privilegiadas, la ropa interior femenina, su uso y elección, han sido durante siglos y siglos algo que confería a sus portadoras señales de rango y distinción. Hasta hace bien poco, en las herencias e inventarios de bienes de las damas nobles, aparecía siempre de forma precisa el número de encajes, bordados, piezas de seda y lencerías que se legaban a los herederos.

Hasta tal punto la ropa interior femenina ha sido objeto de disfrute de selectas privilegiadas (y selectos privilegiados con acceso a su intimidad) que aún hoy día, en plena modernidad, el uso de ropa interior es signo de promoción social, cuando, una vez más, la alta burguesía está empezando a prescindir de ella, al menos en relación a los lujos y fastos de su reciente pasado.

Las prendas íntimas, como los buenos vinos, las joyas o la cristalería, han pertenecido siempre a un mundo cerrado, que elabora sus propios lenguajes y origina sus propios artesanos, corseteros y lenceros, para una elaboración *a medida* y *exclusiva*. De ahí que nuestro libro recorra más los salones que las tascas, las mansiones que las chozas, los grandes escenarios que el pequeño teatrillo local. Hoy día, cuando todo es confección en serie y los mismos diseños invaden por todas partes, se produce un fenómeno nuevo: la disimetría interior/exterior. Damas que pueden ir maravillosamente vestidas, por fuera, y reservar a su arreglo íntimo prendas de una cómica vulgaridad. E igualmente lo contrario: damas que, por su aspecto externo, no sugerirían jamás (ni al más avispado de los observadores) el mimo y distinción de su protección interna. Esto sí es nuevo y ha sido facilitado por una nueva estética de la bohemia, lo dispar y lo *décontracté*, que encubre en el fondo actitudes de pereza, descuido y fúnebre falta de imaginación.

Veremos a lo largo de este viaje distinto e intimista por la historia que quienes han marcado la pauta y han removido leyes y tribunales para prepararnos las ventajas de que gozamos hoy, han sido fundamentalmente bailarinas, artistas de teatro y grandes damas en general, quienes, con mayor o menor gracia y fortuna, han sabido luchar contra las rémoras de su época y terminar imponiendo la nueva estética y, por lo tanto, las nuevas formas de vida y relación social.

Mujeres, muebles, diseños arquitectónicos... etc., evolucionan juntos. Es algo que se aprenderá también, a poco que uno tenga la menor sensibilidad para captar analogías. Ejemplo al canto; en la verticalidad que rige la época gótica, las damas, sobre todo las nobles, cultivan una estética filiforme, estilizada y esbelta, rematando el «pináculo» con aéreos casquetes que, en el caso de las «más altas damas», es decir en la cúspide social, llegan a medir hasta sesenta centímetros, expresión plástica de su posición social.

De 1830 a 1914, será la Edad de Oro de la lencería íntima, la época en que aquélla fue más abundante y más oculta que nunca, la época privilegiada de fetichistas de uno y otro sexo, que gozaron de una protección interna que les hacía sentirse como joyas inmaculadas en espesos tabernáculos. Así de refinado y de lujoso comenzaba el siglo xx en lo que a ropa interior se refiere:

«Una camisa del día, larga hasta las rodillas, de batista muy fina, de hilo, de Holanda y aun a veces de seda, con encajes. Un pantalón regularmente amplio con el vuelo ceñido a la rodilla y volante de encajes, o bordados haciendo juego con el adorno de la camisa. El imprescindible corsé de cutí, de raso, o de damasco emballenado, adornado asimismo de encajes, cintas y lazos. Un cubrecorsé ceñido e igualmente adornado y una enagua del mismo largo que la falda del vestido, que batía el récord en cuanto a riqueza de volantes, pliegues, bordados, lazos, pasacintas y encajes. Si la falda era amplia, se acompañaba de un refajo de seda, ceñido hasta la rodilla y abierto desde aquí con volantes, encajes, ruches, gasas y todo tipo de adornos, refajos mucho más lujosos que el vestido exterior de raso, damasco o tafetán buscando el sugestivo fru-frú que hacían al rozar con la falda. Corsé y refajo eran las únicas prendas de color de la ropa interior. Camisa, pantalón, cubrecorsé y enagua eran albinos como la nieve, y todo lo costosos que se puedan imaginar.» [1]

Un buen día, Carolina de Otero se jugó la camisa, lo único que le quedaba por jugarse, en el Casino de Montecarlo, ante el desdén primero y la admiración después del resto de los jugadores. En efecto, la camisa: «Era de Malinas legítimo y podía tasarse en varios miles de francos». Los siglos XVII y XVIII fueron los siglos dorados del encaje, usados por ambos sexos sin distinción y aplicados en la ropa interior y en los vestidos. A los caballeros se les conoce por los encajes que lucen en chorreras y manoplas. En el ropero de Luis XVI, había todavía, en enero de 1792, 59 pares de puños de encaje.

Con la Revolución desaparecieron, como tantas otras cosas buenas, los pedidos, y las encajeras se refugiaron en Bruselas, tradicional emporio del encaje. Napoleón volvería a rehabilitarlas, protegiendo los encajes de Alençon, Chantilly y Bruselas. La emperatriz Eugenia contaba en su ajuar con un volante de Alençon en el que trabajaron 36 mujeres durante año y medio y que costó 22.000 francos. En la Exposición Universal de París, de 1867, lució un vestido de encajes de Alençon, producto del trabajo de 40 mujeres durante 7 años y que se valoraba en 85.000 francos.

Era la época florida del disfrute minoritario de los placeres de la vida...

La ropa interior ha jugado siempre varios papeles; funcional, erótico, social... y hasta de expresión de rebeldía. En España, en el Trienio Constitucional (1820-23), las damas partidarias lucían verdes y ceñidas ligas que, primorosamente, a la manera de la llorada Mariana Pineda, habían bordado con el lema: «Constitución o muerte».[2]

1. María Luz Morales, *La moda*, tomo IX, *Siglo XX (1900-1920)*, Salvat, Barcelona, 1947.
2. Max Von Boehn, *La moda. Accesorios de la moda*, Salvat, Barcelona, 1944. Jaime del Burgo, *Bibliografía del si-*

En general, siempre han ido bordadas las ligas, siendo el tema preferido el amatorio, hasta el punto de que ciertos caballeros se declaraban enviando un determinado mensaje en las ligas que ofrecían a sus damas, así: «*C'est pour la vie que je me lie*», o la de «Feliz soy y constante siendo tu amante», etc., que cumplidamente se revisan en el capítulo sobre las ligas y que pueden admirarse perfectamente bien conservadas en el Museo Rocamora de Barcelona.

En 1852, un cura dio una puñalada trapera a la reina Isabel II.[3] La reina salió ilesa del atentado gracias a la protección interna de su corsé. El cura sufrió garrote vil. Es uno de los raros casos históricos en que el corsé salvó la vida de alguien; más bien fue todo lo contrario, como tendremos ocasión de ver.

El pudor, la ignorancia y la ironía han rodeado siempre los avatares de la intimidad femenina. Durante tres siglos, XVII, XVIII y XIX, corsé y pantalón íntimo se colocaban a la cabeza de los fetichismos. Durante esos tres siglos, si se aludía claramente al corsé por las consecuencias negativas para la salud, se evadía con mil imágenes semánticas el mundo del pantalón al que se llamaba *l'inexpressable*, *l'indispensable*, o cualquier otra cosa con tal de no llamarle pantalón. Porque, en toda el área mediterránea europea (de hecho, las mujeres turcas y asiáticas han llevado siempre pantalón íntimo), quien llevaba los pantalones era el hombre. En España, sería aún peor, porque, durante mucho tiempo, se llamarían los calzones, suavizados después de la guerra con el nombre de pololos.

En el Museo y Archivo Municipal de Madrid hay unos curiosos grabados de época que ilustran enormemente sobre los usos y costumbres vestimentarias de la España del siglo XVIII. Así, el grabado so-

glo XIX. Guerras carlistas. Luchas políticas. Pamplona, 1978.
3. *Op. cit.*, Jaime del Burgo.

bre el uso del corsé masculino, llamado la *Armadura del buen gusto, o el corsé,* que se acompaña de la siguiente máxima:

> Vestid (Jóvenes Pudientes)
> sin tretas artificiales
> y creed que prendas morales
> son los trajes más decentes.

Como se sabe, los currutacos, petimetres, pisaverdes y lechuguinos, que eran los despectivos nombres con que se obsequiaba a los dandies del XVIII, eran muy aficionados al corsé, que afinaba extraordinariamente sus figuras.

O este otro grabado, llamado *La Dueña de los Calzones,* cuyo pie reza:

> *Mujer:* «Pues hombre no sabes ser
> yo me he de poner los calzones».
> *Marido:* «Las costuras te harán llagas,
> déjate de eso mujer».

Hasta 1914, la mujer no mostrará públicamente sus tobillos. Se dice pronto. Vivimos en la época en que las damas están empezando a dejarse conocer. Nada era más apasionante para un hombre de hasta el siglo XX que vislumbrar la curva de un pie, o la forma de un tobillo. Esto favoreció un impresionante fetichismo en torno al pie, el tobillo y las pantorrillas, que cantó como nadie Restif de la Bretonne y que explica que, en los burdeles de lujo de la Belle Epoque, en Londres y en París, los clientes tuvieran derecho a elegir los botines que se pondrían sus *partenaires* de juegos, aún no escogidas.

Los mostró y volvió a ocultarlos rápidamente. El nazismo se propuso que no quedaran ni judíos, ni tobillos sanos, y volvió a martirizar las pantorrillas femeninas...

Después del triunfo de las democracias occidentales, todo cambiaría en lo concerniente a la ropa interior, pues haría su edulcorante aparición, en los mercados europeos, la avasalladora confección en serie americana, dejándolo todo perdido de nylon, perlon, banlon y polyamidas, y acabando de una vez para siempre (salvo en inexpugnables reductos, tan secretos como íntimos) con el mimo en la confección de las prendas íntimas y con el tono aristocrático y elitista de que hasta entonces había gozado. Las democracias también tienen estas cosas...

Claro que quedaba ya poco que ceñir. Nuevas formas de vida al aire libre, una masiva incorporación al mundo del trabajo y un odio sin contemplaciones por la vida sedentaria han creado un tipo de mujer radicalmente distinto al de nuestros mayores. Una mujer que se apunta rápidamente a cualquier movimiento «liberador», secundando con entusiasmo a las alemanas del *Oben Ohne* (arriba nada), o a las francesas del *sans-soutien*, quienes, con la minifalda, muestran sus piernas hasta el límite de lo aceptable y, sin la menor piedad, reducen al hombre fetichista a un calvario de privaciones en que la primera espina será el *panty* y la segunda el *collant*, cotidianos instrumentos de tortura para los amantes de la femineidad en el sentido clásico de la palabra, o sea el de la mujer abierta a todos los vientos, el de la mujer asequible y vulnerable, protegida con un sistema abierto: medias, liguero y vestido. Desde mayo de 1968, malos aires corren para fetichistas de todo signo. La mujer tiende a buscar una *integridad*, que radica en un sistema interior cerrado: el *panty*, o faja-pantalón, y el *collant* que refuerza un sistema exterior también cerrado (el pantalón, donde se ha perdido ya toda apariencia externa de apertura y vulnerabilidad). Es decir, lo que tradicionalmente se asociaba con la condición femenina.

Las catacumbas subsisten, caiga quien caiga y, en ocultos y mágicos lugares, se rinde culto a la fantasía, la imaginación y las ganas de jugar. No han muerto. Pero están ocultos y bien ocultos, y eso es lo que les confiere un valor a los ojos de cualquier curioso de las costumbres humanas.

La dama que ha usado ya *collants*, que ha ceñido firmemente su abdomen con los *pantys*, que ha llevado airosamente por la calle estrechos *jeans*, sabe que, cuando se pone un liguero y unas medias, por algo es, y dota a este acto, absolutamente cotidiano hace cuarenta años, de una *significación* radicalmente distinta. Esto es lo nuevo y es lo que merece ser subrayado en nuestro estudio. Nada muere ni desaparece totalmente. Nuestra ropa interior actual, no deja de ser trozos aislados del corsé, madre de todo lo posterior, corsé que estaba ya diseñado, y bien diseñado, en las esculturas cretenses de hace miles de años y, en particular, en aquella hedonista y graciosa estatuilla que, *a posteriori*, se llamaría «La Parisina» por su similitud con la línea de una parisina de los años veinte.

Lo único que de verdad cambia es la relación de la mujer con su aspecto interior. Es la imaginación que ella misma confiere a su atuendo y es la gracia con que se viste, se desviste y se prepara para delicados y sutiles juegos íntimos donde la chispa, si se prende, vendrá vestida de encajes, de sabias aperturas y de veladas fantasías mentales.

«*Mais où sont les dames d'antan?*»

Los libros de viajeros, cuando los viajeros son cultos y los viajes se hacen sin prisas, dan muchas pistas para el tema que abordamos y han sido, por eso, trillados sin descanso. El lector enconarará sobradas muestras de ello a lo largo del «viaje» que inicia apaciblemente, sentado en su sillón preferido. Baste recordar que los viajeros ingleses de lo que más se sorprendían era de lo pintadas que iban las españolas, de sus altos zapatos, que recordaban zancos, de los velos en la cara y del uso del guardainfante, verdugado o crinolina (que todos estos nombres, hasta el decimonónico miriñaque, tendría ese armazón metálico confeccionado con tela de crin de caballo, que, despegando poderosamente las faldas del abdomen femenino, con sugestivo poder evocador, marcaría la imaginación erótica durante buenos siglos).

Los franceses, sin embargo, reflejan más la sobriedad de las ropas españolas, el abuso de los colores pardos y negros, la ausencia de escotes y la imposibilidad absoluta de verle los pies a una española por el uso de ceñidos botines y del «tontillo».

Como primicia, ofrecemos esta detallada descripción de un viajero inglés, Sir Thomas Williams, quien, en 1680, resumía todas las inovaciones vestimentarias de la época:

«...llevan el pelo liso y peinado hacia atrás donde lo recogen en dos trenzas, atadas en las puntas con cintas de colores que les cuelgan por la espalda; a veces, al trenzar el pelo, lo adornan también con flores. En las orejas, llevan enormes pendientes. Sobre el cuerpo, suelen llevar una especie de corpiño de cintura alta con faldas sin almidonar, el corpiño escotado por detrás para enseñar la espalda y algo más escotado por delante; sobre eso, se ponen una pechera de encaje de Flandes. Las mangas son muy anchas, como las de nuestros hombres en los cuadros antiguos, abiertas por delante, dejando ver un camisolín almidonado, o, si no, un trozo de seda negra o de color; éste, como nuestros camisolines, llega hasta los puños, así que no se puede ver el brazo de una mujer. Por debajo de la cintura, llevan varias enaguas, la primera de todas blanca y generalmente adornada con encaje de Flandes. Sus blusas son todas de batista y pasan mucho tiempo haciéndolas, pues hacen las costuras de manera muy fina, así que el hacer una buena blusa costará sus buenos cinco doblones de oro. En las piernas, llevan medias de hilo muy finas y otras de seda encima. Se jactan de tener pies muy pequeños y llevan zapatos sencillos. Cuando salen a la calle, se ponen un velo de tafetán negro que cubre toda la cara salvo un ojo, eso lo llaman «topado» (*sic*). Debajo de sus enaguas, llevan una tontilla para ahuecar las faldas. *Es imposible para un hombre saber qué tipo tiene una española mientras esté vestida*».[4]

Así que, entre guardainfantes y verdugados por parte de las damas y de pesadas espadas y capas por parte de los caballeros, los personajes de nuestro libro no empiezan a moverse con soltura hasta muy avanzado el siglo xx. Antes, esos pesados estafermos, a los ojos de todos los viajeros, eran los culpables de la indolencia y pereza nacionales.

El viajero se recrea también en la contemplación de las reliquias literarias de otras épocas y, sobre todo, en aquellos fragmentos que aluden directamente a la intimidad femenina. Un buen novelista jamás olvida vestir y desvestir a sus personajes y describir minuciosamente el efecto de la progresiva «caída» de prendas íntimas sobre el que espera. No olvida tampoco decir lo que comen y lo que beben, y cómo se divierten, y esto quizás es lo que hace que haya novelas intemporales y amadas siempre a través de los siglos, porque nos conectan con personajes de carne y hueso, y en los que podemos reconocernos. Por eso, causa cierto estupor, en la época de la abundante publicidad de ropa interior en la prensa más burguesa y respetable, o en la familiar televisión, la pobreza de descripciones íntimas sobre lo que se ponen y se quitan las heroínas de la literatura moderna; éstos son detalles *sine qua non* para llegar o no a calarlas y para que estas damas de ficción lleguen o no a adquirir vida propia.

La literatura de Anaïs Nin, por ejemplo, que presumía de escritora liberada de prejuicios y que incluso aceptó un encargo de escritos eróticos, evade el tema, y sólo en *Delta de Venus* ofrece la «llameante» historia de una maniquí de ropa interior. Ropa que, por otra parte, está cantada en su mínima

4. Shaw Fairman, *España vista por los ingleses del siglo XVII*, S.G.E.L., Madrid, 1981.

expresión. Virginia Woolf ni lo abordó; tampoco se hubiera adecuado al estilo de su obra. Otras escritoras como Simone de Beauvoir, aunque aciertan al decir que «no se nace mujer, sino, que se hace», nos dejan con la miel en los labios al no dignarse a contar cómo demonios una se hace mujer y cómo debería vestirse ésta. Freud soltó aquello de que «la anatomía es el destino» y Merleau-Ponty le secundó con lo de que «el cuerpo es la generalidad», y se quedaron tan anchos. Chejov, el fascinante cantor de la cotidianeidad rusa, se apresuró a recordar mediante su romántico personaje de Masha en *La gaviota*: «Cuando me case, ya no me quedará tiempo para el amor»...Así que no ha habido más remedio que buscar escritores más festivos y menos lúgubres que disfrutaran, y de paso nos hicieran disfrutar, con las lencerías íntimas de sus protagonistas y, aunque no han salido muchos, sí los suficientes como para demostrarnos que, en este tema, los franceses son especialistas y gustan retratarlo con minuciosidad, siempre, claro, que no sientan el cuerpo de la mujer como un laberinto, al igual que le pasó al surrealista Jacques Hérold, quien pintó a una Mujer-Llama, en la que, si la llama es el simbolismo de la pasión, el cuerpo laberíntico remite a un hermetismo que es lo que debieron sentir los que, no escribiendo mal, han sido incapaces de vestir a sus personajes femeninos con la sensualidad y la ternura que deben caracterizar a todo novelista de bien.

Otros, ya de nuestros tiempos, como Eduardo Chamorro, publica una obscena novela de noctámbulos que está divirtiendo mucho a la gente, y, en sus «perversas» descripciones eróticas, se arma tal taco con medias, ligas, ligueros y demás que, al parecer, la vida real no le ha obsequiado con generosidad con la contemplación de tales prendas; si bien no deja de ser un laudable intento de acabar con la autocensura y con el puritanismo imberbe de los españoles al abordar estos temas.

Juan García Hortelano lo ha descrito con gracia

en *El gran momento de Mary Tribune*, donde una señorita nota que se encuentra a gusto cuando tiene las rodillas y los muslos abiertos. Xavier Domingo, por su parte, lo ha abordado en su divertida *La viuda andaluza*, en que uno de los fans de la viuda es un viejo judío dispuesto a pagarle lo que sea por llevarse a casa sus braguitas y relamerse de gusto al volver a sentir las gozosas humedades de su dueña, hembra bravía y sensual, verdadero gustazo para los amantes de la literatura de carne y hueso. Su *Erótica hispánica* tampoco lo ignora y ha resultado muy «instructivo» en nuestra puesta a punto para este lúdico viaje.

Al igual que con Coco Chanel, el perfume adquiere rango de protección interior; con Sacher-Masoch, las pieles revelan todo su simbolismo original de encubridoras de los más bellos secretos femeninos. En su obra, *La Venus de las pieles*, la piel ya no es sólo símbolo de tiranía y de poder (tiranos y emperadores envueltos en armiño y promulgando leyes suntuarias para reservarse su uso), sino que se convierte en el fetiche supremo, en el afrodisíaco por excelencia, que abre la llave de los sueños, de la pasión y de la locura; cuando la mujer le pregunta el porqué de la fascinación por sus martas, sus visones y sus cibelinas, el hombre evoca primero el calor y la electricidad que, como los felinos, le ofrecen las pieles y responde después que las pieles despiertan sentimientos despóticos en ella y de sumisión en él. Y eso es precisamente lo que añora y busca sin remedio.

> «Tu pecho que avanza y empuja el moaré
> tu pecho triunfante en su bello armario»,

cantaba Charles Baudelaire en un hermoso poema, retomando el refinado tratamiento con que se ha celebrado en Francia el estuche íntimo de la mujer.

Tratamiento que, si no tan refinado, sí al menos ha recibido igual importancia en el cine, con su gran poder de forjador de imágenes, mitos y fantasías eróticas. El cine ha contribuido como ninguna otra expresión artística al gusto y a la pasión por la ropa interior sugestiva y subyugante. Todos guardamos en nuestro desván de los recuerdos, insólitas escenas de *deshabillés* cinematográficos que, sin saber cómo ni porqué, se nos quedaron grabadas para siempre como el no va más de la sutileza y del arte de la seducción.

Recordemos aquellos zapatos rojos que impulsivamente tiraba Marilyn Monroe al borde del camino, gesto con el cual creía liberarse de su pasado de cabaretera tras aquellas aventuras que le abrieron mundos de ternura, insospechados para ella, en *Río sin retorno* de Otto Preminger, película que nos tenía todo el rato en vilo gracias a aquella camisa blanca que no acababa de romperse del todo... O las medias de una tal Mrs. Robinson, poniéndoselas y quitándoselas con parsimonioso desdén digno de la mejor *Hilda* ante los atónitos ojos de un recién *Graduado* que reconocía *ipso facto*, en la intimidad de aquella habitación, que de la vida no sabía nada como bien nos cantaron Simon y Garfunquel en la banda sonora de la película. O Lola-Lola, la inolvidable rubia de *El Angel Azul*, que destrozaba a un sesudo profesor con sus insondables ligueros y miriñaques mientras cantaba lánguidamente que «de los pies a la cabeza estaba hecha para el amor». O más aún el refinamiento en los detalles de las películas de Visconti, quien reflejaría a fondo la solidez de su cultura en los preparativos para la cena de *El ocaso de los dioses*, o en la lección de maestría que suponen las escenas íntimas de *El inocente* con la nunca más seductora Laura Antonelli. *Rebeca* de Hitchcock es otro homenaje a la seducción de las prendas y lencerías íntimas. ¿Cómo olvidar la cara de la nueva señora de Manderley cuando pasea sus inexpertas manos por las ropas de la antigua dueña y reconoce en aquel mismo momento, que está a años-luz *de la* exquisitez de Rebeca. ¿Cómo ignorar también el impacto del cine, que popularizó desde entonces la prenda de abrigo que, en su honor, se llamaría Rebeca? También los progres cuidan su vestimenta interna. *Próxima parada en Greenwich Village* ofrece un divertido y estrafalario mundo de estudiantes norteamericanos sin un duro, pero con mucha imaginación en el bolsillo y unas ganas enormes de salir de la mediocridad de sus padres. La protagonista, una simpática judía, llenará a menudo la pantalla de la nívea intimidad de sus enaguas, mientras trata de contener al pegajoso actor, en una época en que el diafragma era artículo de lujo y aspiración suprema para las alegres estudiantes americanas. Eran los años cincuenta...

En fin, sería interminable la relación de todos los buenos momentos que nos ha deparado el cine a los amantes de la interioridad femenina. Vaya nuestro último agradecimiento a Bob Fosse y a su *Cabaret*, una de las mejores muestras de rotundos ligueros que hayan exhibido jamás las pantallas.

Los cantantes, sobre todo aquellos que se inspiran en las peripecias de la vida diaria, han tocado también, aunque de refilón, el tema de las lencerías íntimas. Leo Ferré, aquel que decía que el «anarquismo no es una posición política, sino un estado del alma», sugiere en tono menor en su *Chanson pour Elle*:

> *Si ton corps était de fine dentelle*
> *je le broderais par les quatre bouts*
> *et puis m'en ferais des nappes si belles*
> *que nous mangerions l'amour à genoux.*[5]

Y Jacques Brel, el inolvidable Jacques Brel, cu-

---

5. «Si tu cuerpo fuera de fino encaje / lo bordaría por los cuatro costados / y después lo transformaría en manteles tan bellos / que comeríamos el amor de rodillas.»

yas canciones asoman de todas las esquinas del tiempo porque cantó como nadie la cotidianeidad, aquél que reconocía que «finalmente, finalmente habían necesitado mucho ingenio para ser viejos sin ser adultos» y que consiguió que *finalmente* «no le dejáramos nunca», se ilusionaba con un nuevo amor, que, cómo no, sería un nuevo fracaso, y para el que

> *J'aurais aimé, ma belle,*
> *rien qu'au point d'Alençon*
> *t'écrire un long poème*
> *t'écrire un long je t'aime...*[6]

Mas la labor de encaje es lenta y, cuando está a punto ya de terminarlo, se da cuenta de que ella ya no le quiere y de que hay que volver a comenzar de nuevo...

Y se exilió, como las encajeras, a Bruselas y a su plaza Broukère, allí «donde en los escaparates vestían a hombres y mujeres con crinolina, en los tiempos en que Bruselas, bruseleaba»...

Ahora sólo nos queda preguntarnos, como nuestros mayores: «Pero ¿dónde están las damas de antaño?», porque cada generación coloca su utopía en el pasado y sólo así siente ganas de transformar su presente. Sí, ¿dónde están aquellas damas que hicieron furor, aquellas damas bravías hasta la amenaza, que llenaron los sueños de nuestros abuelos y la memoria de nuestros padres? ¿Dónde están Caroline Otero, Mata-Hari, Emilienne d'Alençon, Šarah Bernardt, María Ladvenant, Lola Montes, Teresa Cabarrús, Cleo de Merode, Lina Cavalieri, Liane de Pougy, Catalina de Médicis, Josephine Baker, Joan Crawford, Marilyn Monroe... y tantas otras?

«Esas rapaces de plumaje delicado, inconscientes, etéreas que, durante unos años aún, serán la herencia

6. «Me hubiera gustado, bonita / nada más que a punto de Alençon / escribirte un largo poema / escribirte un largo te amo...»

de la *Belle Epoque*, pues sus plumas, sus diamantes, sus estilos, sus riquísimos amantes, ejercieron en las gentes de 1910 a 1930 idéntica fascinación que a sus mayores».

recordaba Jacques Lenoir en su *Histoire fabuleuse du Casino de Paris*, refiriéndose por supuesto únicamente a las herederas de la *Belle Epoque*. Pero ¿qué más da que las saquemos de su momento histórico?. Todas ellas impregnaron su existencia con los mismos fetiches y los mismos símbolos. Lo hicieron tan bien que fascinaron incluso ya muertas, como está sucediendo con la buena de Marilyn, cuya mitología se recrea y recomienza sin cesar como el mar de Valéry y cuya intimidad salta diariamente a las páginas de la prensa más asentada y «seria» reseñando que allí se venden recortables para vestir a lo Marilyn, que aquí se imitan sus curvas, o que, en pleno 1981, en Londres, la galería Sotheby's subasta un fugaz sujetador rosa, breve y sencillo, un par de guantes de raso blanco y un diminuto bolso de noche, y que el rey de la fiesta es el exiguo sujetador por el que un millonario de Texas pagó hasta cien mil pesetas vaya usted a saber para qué fiesta íntima, o para quién...

¿Dónde están ya esas damas, que pueblan nuestra historia y que nos remiten a tiempos que ellas supieron cómo llenar, regalándonos ahora su espléndida intimidad con feroz expresión de reto, envueltas en esa aureola dorada que confiere el tiempo a quienes saben devorar al tiempo?...

¡A ustedes brindo, amables lectores y lectoras, quienes ahora inician este singular peregrinaje, el placer de descubrirlas!...

Un poco de historia

La naturaleza proporciona el rostro de los veinte años. La vida modela el rostro de los treinta. Pero el de los cuarenta tiene que merecérselo una misma. A los cincuenta años, una mujer, es responsable de su rostro.

Coco Chanel

Abierto o cerrado, cubierto o desvelado

Tanagra del Museo del Louvre, con el primer pantalón íntimo de baile de la Historia.

> Adorné una mesita con flores, champán
> y dos vasos, y me puse mi túnica transpa-
> rente, coroné mis cabellos con rosas y así
> esperé a Andrés. Me creía una Thaïs...
>
> *Mi vida*, Isadora Duncan

La primera representación humana conocida está fechada en torno al año 36.000 a de JC. Es la de una mujer. Los historiadores la han bautizado con el nombre de Dama de Brassempouy. Va vestida con una especie de refajo cerrado que forma franjas paralelas. Poco más puede apreciarse. Pero, ¿qué demonios llevaba nuestra egregia dama, *debajo* de la falda?

He aquí la cuestión. Y he aquí el misterio, porque no resulta nada fácil detectar señales de vida en las sesudas investigaciones históricas, o en las solitarias bibliotecas públicas y privadas. Tabú de tabúes, territorio de privilegiados, la intimidad femenina no existe, directamente, para los tan pesados como áridos libros de historia. No obstante, distintos investigadores de la historia del vestido insisten en establecer una correlación directa entre los avatares de la vida social y política con la sencillez, o el refinamiento, de la ropa íntima femenina. Así, los períodos de paz y bienestar económico verían florecer bordados, encajes y pasacintas por doquier. Para otros, como Robida,[1] por ejemplo, es principalmente el período de posguerra el que provoca sugestivas novedades en la lencería íntima. Porque, entre otras cosas, «hay que volver a repoblar la tierra...». Afirmación rebatida décadas más tarde por Jacques Laurent,[2] quien señala que los 25 años anteriores a la guerra del 14 conocieron un refinamiento que jamás se ha vuelto a vivir, mientras las posguerras del 14 y 39 llevaban a una simplificación casi espartana de la lencería. Ya llegaremos a todo ello.

Mientras tanto, hundámonos en el pasado buscando pistas, violando el secreto de las faldas...

Tendremos que esperar muchos siglos, 33.000 años para ser exactos, hasta el auge de la civilización sumeria, y, de ser posible, visitar el Museo del Louvre para apreciarlo mejor. Un bajo relieve y una terracota representan a dos mujeres. Una de ellas lleva un minúsculo taparrabos abierto; la otra, cerrado. He aquí, insinuadas ya, las dos tendencias que regirán la historia del vestido hasta nuestros días: abierto o cerrado, ceñido o suelto, velado o desvelado.

Del *shenti* egipcio al *collant* europeo, pasando por el legendario corsé, abrir o cerrar, velar o descubrir el cuerpo femenino es el tema.

Las sumerias vivieron hace mucho tiempo, me diréis. Recordemos entonces las Nefertitis, las Cleopatras egipcias, más próximas a nuestros días. ¿Qué llevaban debajo de las túnicas? Apresurémonos a

1. Robida, ilustre colaborador y dibujante de la revista galante «La Vie Parisienne» (1870-1939), y autor de un importante libro, *Vingtième siècle*, donde no sólo hace una historia del vestido, sino que prefigura modas que se han cumplido en la actualidad.

2. *Le nu vêtu et dévêtu*, Gallimard, 1979. Premio Goncourt en 1971, es más conocido en España por sus novelas. Sin embargo, con el seudónimo de Cécil St-Laurent, es el autor de una verdadera *summa* en el tema que nos ocupa: *L'Histoire imprévue des dessous féminins*, Solar, 1966.

decir que, tal y como muestran los relieves egipcios, las esclavas (de origen árabe o nubio), iban siempre bien desnudas y constituían la población mayoritaria femenina. La ropa interior no existía más que como refinamiento para las grandes damas. El vestido, en general, era símbolo de distinción social. Algunas de las esclavas, por su belleza y distinción, se vieron favorecidas por sus señoras, quienes, para evidenciar que las consideraban algo más que un simple cuerpo, les ofrecieron sus primeras prendas de vestir: unos minúsculos slips. Nunca ha sido más evidente que, entre los egipcios, la función social del vestido. En Egipto, como en todas las civilizaciones primitivas, el vestirse tenía una función simbólica y social. Sólo las damas podían llevar airosamente sus transparentes túnicas llamadas *kalasyris* y, debajo, el *shenti*, primera prenda interior conocida, especie de vaporosa enagua, bordada y ribeteada de hilos de oro. En Egipto —bien se sufre— hace mucho calor. Igual pasará en toda el área mediterránea, área cálida que pide vestidos amplios y abiertos.

Sigamos el hilo del tiempo. A punto están los griegos de estrenar su democracia cuando, de una islita olvidada en pleno Mar Egeo, surge una figura insólita por su armonía, su gracia y su evidente descoco: «La Parisina», modelo para siempre jamás de divinidades paganas. Nuestra desconocida dama vivió allá por los años 1.600 a. de JC, y por mor de la cultura, se conserva «vivita y coleando» en el Museo Histórico de Creta. La ligereza de su porte fue la culpable del posterior cambio de nacionalidad. Se nos muestra con un ceñido corsé que enmarca su talle de avispa y deja descubiertos sus senos (como todos los corsés por otra parte). Faldas de volantes, ahuecadas por círculos de metal, como si de un futuro miriñaque se tratara, surgen del talle y bajan hasta el suelo. Con sus dos culebras en ristre, nuestra bella helena, tiene tal pícara expresión que parece comerse el mundo. Sabe que está marcando, y de una vez para siempre, el cánon femenino, al que distintas modas volverán religiosamente una y otra vez. Una y otra vez, la mujer deseosa de dar alas a sus caderas, se armará de envolventes armaduras, desde los guardainfantes medievales y verdugados renacentistas a los rococós miriñaques. Una y otra vez, las desplegadas caderas contrarrestarán las cinturas de avispa, fruto laborioso de ceñidos corsés, sus aliados naturales. Pero todo está ya en germen en «La Parisina», escultura genuina de la eterna arquitectura femenina.

Crucemos el mar y sorprendamos a sus vecinas griegas discutiendo en los gineceos. A primera vista, no se aprecia nada interesante en lo que al vestido se refiere. Todas van igual. Túnicas abiertas que recogen el cuerpo como un triángulo, que ni lo protege, ni lo oculta, y que, abiertas en los costados, se sujetan en los hombros con sendas fíbulas. Es el *peplos* dórico. Aunque a ningún griego importe el pudor,[3] las atenienses no se cansan de criticar a sus odiadas espartanas que compiten, casi desnudas, en los juegos, desvelando el cuerpo de axilas a piernas, lo que les vale el nombre de *phainoméridas*, o sea las que descubren los muslos. Ellas no van mucho más vestidas, pero lo cubren todo con el *chiton* jónico, aquellas abiertas y vaporosas túnicas que, por su «oleaje», inspiraron mucho más tarde los vuelos de la visionaria bailarina Isadora Duncan.

La Grecia helenística coincide con el florecer de la Roma Imperial. Los comienzos de lo que llegaría a ser el inmenso Imperio romano son más bien austeros. Abiertas túnicas recubren ceñidos y prosaicas prendas íntimas: el *strophium,* que sujeta la base

---

3.   No existe ningún sistema social ni religioso que incida sobre el tema del vestido. Hombres y mujeres, *se sienten* desnudos bajo su túnica, tal y como muestran los diálogos de *La Paz,* o los de *La Asamblea de las Mujeres,* del dramaturgo griego Aristófanes. Aquellas a quienes el volumen del pecho molestaba para andar, lo ceñían con unas bandas llamadas *apoderma.*

del pecho,[4] y la *zona*,[5] en torno a las caderas, a las que moldea como una faja; ésta alterna su uso con el *cestus* bordado, especie de corpiño que cubre desde el talle hasta el abdomen. A pesar de todo, estas púdicas prendas serán cantadas por los refranes populares y por los poetas, dando lugar a un incipiente fetichismo. Ya en el siglo II, Marcial presentaba el *cestus* como «la trampa de la que ningún hombre puede escapar», cebo aún más vivo que los fuegos de Venus.

Pasando los siglos, las romanas accederían al único poder que de verdad cuenta: el poder social y sensual. Animadas por las licenciosas costumbres de la Corte, bellas jovencitas de todos los rincones del Imperio, hispánicas incluidas, acuden a Roma y se instalan como dignas cortesanas. Los vulnerables patricios romanos sucumben ante sus bordadas lencerías y les cuentan más de una conjura... Los *miles gloriosus* desertan del *castrum*. No tardarían en imitarlas las demás clases y, sobre todo, las innumerables viudas y divorciadas, resultado de la extendida costumbre de casar a hombres maduros con verdaderas niñas. A pesar de las prerrogativas masculinas, propias de una sociedad patriarcal y monógama, las romanas no cesan de conquistar nuevos territorios y los recorren con las armas que les dan su belleza y su refinado vestuario.[6] La cosmética se eri-

4. El *strophium* llegó a adquirir usos de verdadero bolso de mano debido a la ausencia de bolsillos en las túnicas. Esta costumbre prevalece aún hoy día en medios rurales españoles y en ciertas mujeres de edad que acostumbran guardar sus papeles más secretos, e incluso el dinero, entre los pechos.

5. La *zona*, ligada como una lapa al cuerpo femenino, originará un curioso vocablo, *zonam solvere*: casarse. Literalmente, solventar o traspasar la zona...

6. La imperial romana compendia y resume todo lo que hasta entonces se ha usado en el área mediterránea: las bandas griegas, o *apodermas*, los miriñaques cretenses, o estructuras metálicas para ahuecar las faldas, y las túnicas y enaguas egipcias.

ge en industria nacional, los tejidos se refinan... Es otra historia del Imperio romano, más íntima, más sensual.

Pronto aparecerá un primer signo de segregación, el *subligacullum*, especie de braga-faja cerrada, obligatoria para bailarinas, atletas y sirvientas. Se acompaña, a veces, de una especie de sujetador, tal y como muestran los mosaicos de la Villa Casale de Sicilia, en el siglo IV d. de JC. El resto de las damas podía muy bien prescindir de esta ceñida prenda íntima.

Pero allá entre las brumosas laderas del norte de Europa, velludos y barbudos bárbaros, cuyos vestidos se caracterizan por el dominio de «lo cerrado» debido a las inclemencias del clima, se aprestan a liquidar tan venales costumbres y vaporosas togas. El destino del mundo se juega entre refinados latinos de abiertas túnicas y toscos bárbaros de ceñidos pantalones. Combate nulo. Los latinos comienzan a usar calzones, diseñados a partir del *subligacullum*, y los bárbaros, felices de los calores del sur, olvidan orgullosos sus calzas por amplios faldones. La túnica significa acceder a la cultura, la religión y la administración, mientras que las calzas se reservan para las largas cabalgadas.

Mientras sus hombres guerrean en el campo de honor, ¿qué hacen sus mujeres? Poca cosa. Las guerras no dan mucho de sí en este terreno, ni en ningún otro, que no sea en el de la industria del armamento. Las coloradotas bárbaras de rubias trenzas deambulan desnudas bajo sus vestidos, excepto las campesinas y las forofas de cabalgar que se ponen honestas calzas. Mientras tanto, las antaño orgullosas romanas, intimidadas por la conquista, pierden poco a poco el gusto y el refinamiento de sus prendas íntimas. El cristianismo, religión oficial del Imperio a partir del siglo IV, al separar rígidamente el sexo del corazón, se convertirá en fanática perseguidora de los placeres sensuales. Se anunciaban ya en lontananza la cota de mallas y el cinturón de cas-

50

tidad. Europa entra en una fase de indiscriminada violencia, de represión y de escasez, y sólo en la Cci te bizantina de la emperatriz Teodora se refugiarían los antiguos fastos. La Cúpula de Santa Sofía, con sus bien formadas bóvedas, refleja el cambio de tercio.

Los árabes, a lomo de sus elegantes caballos, irrumpen en la historia. Nadie mejor que los españoles, que convivirían con ellos durante siglos, para testimoniar su exquisita sensibilidad en el dominio del amor. Paradójicamente, sólo tres investigadores en España, Asín Palacios, García Gómez y Menéndez Pidal, se han preocupado seriamente del tema y han investigado a fondo la huella de las culturas árabes en la mentalidad ibérica. Sin embargo, bien visible es, en la arquitectura árabe, tan esplendorosa en España, su desmedida afición por encajes, velos y celosías. Nuestro ardiente árabe no ansiará otra cosa que descubrir a una mujer digna de ser velada con sutiles arabescos...

Para tener el inmenso e íntimo placer de presenciar su paulatino desvelamiento...

De las castas cruzadas a los fastos venecianos

Briales abiertos de damas españolas hacia 1450-60 donde
se anuncia ya el *verdugado*.

> Mujer, eres la puerta del Diablo, consigues lo que el demonio no se atrevería a intentar. Por tu culpa tuvo que morir el hijo de Dios; deberías ir siempre vestida de duelo y de harapos.
>
> Tertuliano

Contemplar la Edad Media equivale a contemplar un vasto ejército de campesinos. Hombres y mujeres visten igual, con tejidos gruesos y bastos. Sólo los calzones serán específicamente masculinos.

De las antiguas bandas griegas, y por superposición, surgen las primeras medias femeninas de la historia, que, trepando por los muslos, amenazan convertirse en algo muy similar a las calzas que llevan sus hombres. El uso de estas medias se restringe a las grandes damas. Las féminas medievales, sujetas al creciente poder espiritual de la Iglesia, ocultan sus formas bajo ásperos tejidos. Una especie de corpiño, de tejido más suave —lino o algodón—, constituye toda la «maravillosa» lencería a que una mujer europea de la época de Carlomagno puede optar. Camisa de castidad, que deberá conservar incluso en los esporádicos baños.

¡Oscura y larga noche la del medievo! Oscura como los ocios de aquellas muchachitas que pierden la vista a la escasa luz de las velas conventuales, mientras bordan ajuares de ansiados esponsales.[1] Es-

1. Françoise Loux, en su reciente estudio *Le corps dans la societé traditionnelle*, Berger-Levrault, 1979, constata la

tos rudos aldeanos se refinarían un tanto al participar, con las llamadas Cruzadas, de los exquisitos botines de las cortes árabes. Lejos han quedado sus mujeres, atadas y bien atadas con los tortuosos cinturones de castidad. Allá, en Bizancio, Trípoli o Argel, los europeos educarán su gusto y volverán a sus fríos terruños con cálidas sedas de fantásticos colores y vistosos encajes.

Cortos y breves son entonces los períodos de entreguerras, períodos de amor cortés, de juglares y trovadores. En escena, *Isolda*, asomada a un balcón tan agudo como su tocado. Algunos casquetes medievales alcanzarán la considerable altura de hasta sesenta centímetros, estando en directa relación la altura permitida con la clase social respectiva. Bajo su bordada túnica, la mujer lleva una camisa de lino, bien forrada, y enaguas guateadas ajustadas a un costado. Cubriendo su más secreta intimidad, lujosas medias ceñidas firmemente a la rodilla por ligas bordadas y ornadas de piedras preciosas. Así la cantaron los juglares y así la retrató John Houston en una de sus más logradas películas: *A Walk for Love and Death* (Paseo por el amor y la muerte). Análisis profundo de los mecanismos del amor cortés y de cómo el amor, en cualquier época y lugar, pone en pie de igualdad al hombre y a la mujer.

A finales de la época medieval, la silueta ideal de la mujer es en forma de «ese», silueta que volveremos a ver repetida en plena *Belle Epoque*. La mujer presenta el siguiente aspecto: cabeza inclinada hacia delante, pecho prácticamente borrado por los aplastantes corsés, y cadera y cintura proyectadas hacia delante. El toque de movimiento viene dado por

existencia de las llamadas *chemises à trou*, «camisas con agujero estratégico», bordado con letanías tales como «Ave María» o «Dios lo quiere». Expresión fehaciente de toda aquella historia eclesiástica de «los derechos del marido» que tanto han encolerizado a las feministas de todas las épocas.

58

las largas mangas que, independientes del vestido, llegan incluso a tocar el suelo. También aquí, la longitud de las mangas guarda estrecha relación con la clase social a que se pertenece. Y, en esta «avispada» figura, van a resaltar como poderoso fetiche de la época los cinturones, que enmarcan y afinan el talle. En las últimas «boqueadas medievales», las modas, tanto en gastronomía como en vestidos y modales, vienen marcadas por la poderosa Corte de los Duques de Borgoña, que abarcaba entonces el norte de Francia y las actuales Bélgica y Holanda. Los ricos cortesanos borgoñones no dudan en promulgar severas leyes suntuarias para monopolizar el uso de los tejidos más costosos y de colores más vistosos. Veamos un expresivo ejemplo en la cuestión de los zapatos. En la Corte del Ducado de Borgoña, el calzado alcanzó un significado social extraordinario. Acabado siempre en punta, su longitud excedía con mucho la de cualquier pie humano. Los Duques eran los únicos que podían llevar un calzado hasta tres veces la longitud del pie. Nobles y príncipes, dos veces y media. Aristócratas, dos veces. Caballeros, una vez y media. Los ricos, una vez; y los hombres y mujeres comunes, hasta media vez el tamaño de su pie. El espacio que queda hueco entre la punta del pie y la del zapato se rellenaba con hilos de acero. Pueden imaginarse las grotescas situaciones a que daba lugar este tipo de calzado en pleno fragor de las batallas. ¡Quedaban los guerreros casi inmovilizados! [2]

En los albores de la sensual etapa renacentista, la vía amorosa es bastante accesible. Sea cual sea la condición social de la mujer, la ropa interior es más bien escasa y no suelen llevar nada más que la amplia camisa que se ciñe al talle con la ayuda

2. Esto fue lo que ocurrió en 1386, en la batalla de Sempach, en que un minúsculo ejército de campesinos suizos pudo con los poderosos, pero «paralíticos», soldados borgoñones. A raíz de esto, el calzado alargado se reservó única y exclusivamente para usos cortesanos.

de un ancho cinturón de quita y pon. Serán, por tanto, las mangas, las estrechas y bordadas mangas, tan estrechas que deben ser cosidas y descosidas diariamente sobre el cuerpo de la dama, las que marcarán el nuevo fetichismo de la época, puesto que la tradición exige el ocultamiento perpetuo de los brazos. En los torneos, los caballeros se disputan las mangas de «sus señoras», y esto simboliza «sus últimos favores». Al entregar sus ceñidas mangas, sugieren entregar con ellas sus ceñidos secretos. Pero, más que el vestido, lo extraordinario del momento lo constituyen los peinados. Con auténticas arquitecturas de cabellos, velos y casquetes cónicos, las mujeres simulan campanarios ambulantes. Cuando no adoptan pícaros peinados con insinuantes formas de astas de toros... O, por el contrario, púdicos rodetes con los que cubren su cabeza.

Hasta el siglo XIV no empezará a diferenciarse el vestido masculino del femenino. El hombre abandona el traje largo y vaporoso, y, siguiendo a los vanguardistas italianos, cubre sus piernas con cortas faldas que descubren unas piernas moldeadas por espesos leotardos. Un jubón interior y calzas bien ceñidas darán origen al «braguero» móvil y bien ajustado, con cordones que atraviesan estratégicos ojetes. Es el antepasado de la bragueta. En vano se alzarán las iras de la ya inquisitorial Iglesia Católica. Los hombres realzan ufanos sus atributos y se encaminan a pasos acelerados a los lujosos y espectaculares atuendos renacentistas. Nuestras damas, mientras tanto, diseñadas con alto talle, se muestran con profundos escotes, rematados por bandas de seda bordadas, y conjuran ansiadas maternidades con una moda que tuvo gran éxito en la Europa pre-humanista: la de los maternales vientres prominentes, gracias a saquitos rellenos que se ajustaban a la cintura. Expresión de un verdadero culto a la maternidad, fruto probablemente de la tremenda mortalidad infantil de la época.[3]

3. En plena Edad Media, si una familia quería asegu-

El hombre, que había simbolizado su virilidad en las ceñidas calzas, adopta las medias femeninas y recorta su antiguo vestido. Este pasará a diferenciar específicamente a la mujer que, sin embargo, ensaya, tímidamente al principio, el uso de las calzas masculinas como prenda íntima. La Iglesia observa con inquietud tales trasvases de prendas y redobla sus furias contra los calzones femeninos a los que declara merecedores de los fuegos eternos. Surge así la condena de Juana de Arco, visionaria e idealista campesina que, inflamada de ardor nacionalista, se lanza a guerrear contra los ingleses armada de «masculino ropaje». Y éste será ni más ni menos uno de los cargos que la llevarán a la hoguera a finales del siglo xv. «La dicha Juana se ha puesto a llevar calzones...» sentencia machaconamente el Tribunal Inquisitorial. ¡Pobre Juana, adelantada de tu época!... Un siglo más tarde, las Médicis italianas, las Catalinas de Valois francesas y hasta la púdica María Estuardo mostrarán orgullosas sus bordados calzones a lomos de sus lujosos caballos. ¡Condenados pantalones!...

En 1532, Rabelais, en su dionisíaco libro *Vida de Gargantúa y Pantagruel*, describe así las suntuosas lencerías del ajuar de las novicias de la abadía de Thélême:

Las damas, en los comienzos de la fundación, se vestían a su placer y arbitrio. Mas, luego, se reformaron de la siguiente manera: llevaban calzas que dejaban sus rodillas al descubierto, todas bordadas. Para ceñirlas a las piernas, usaban ligas del mismo color que las pulseras que adornaban maravillosamente sus pulidas rodillas...

Tres años después, Pietro Bacci, llamado El Aretino, retoma el mismo tema en sus *Diálogos puta-*

rarse que al menos dos hijos alcanzaran la edad adulta, tenían que dar a luz a siete. También era frecuente la mortalidad femenina por deficiente asistencia en el parto.

nescos. Escritor jocoso e inquietante para la época, divertíase en bautizarse a sí mismo «El Divino». Murió de una manera bien singular: una hermana suya le estaba relatando sus pícaras aventuras cuando le sobrecogió a él tal ataque de risa que se retrepó de la silla, perdió el equilibrio... y se desnucó.

En el capítulo «I raggionamenti», anuncia ya los «manuales cívicos» de Pierre Louÿs, cuando, en una nota ilustrativa llamada «La educación de la Pippa», una madre, antigua ex-monja, ofrece tan valiosos consejos a su hija: «Renuncia primero a tu orgullo. Renuncia, te digo, Pippa querida, porque, si no cambias de costumbres, si no te reformas, *non avrai mai brache al culo* (no tendrás nunca calzones para el culo)». En «La Rufianería» (tercera jornada de la segunda parte), el Aretino vuelve al ataque. Esta vez, la cuestión son unos calzones azules: «Al recoger el guante, se levantó el borde del vestido y dejó ver tales piernas, que el joven desencapuchonado (*sic*) vio sus calzones azules y sus chinelas de terciopelo negro, elegancias tales que le hicieron jadear de lujuria».

En la refinada Italia del *Cinquecento*, humanista y hedonista, las mujeres reservaban tales presupuestos para sus prendas íntimas que hasta la Administración se vio obligada a intervenir e imponer multas por los desmedidos gastos. Nos gustaría saber cómo se adjudicaban entonces las plazas de inspectores de Hacienda...[4] En *Las cortesanas y la policía de costumbres en Venecia*, podemos leer este expresivo testimonio de una sirvienta, sorprendida con el atuendo de su lujosa señora: «Llevaba pantalones y una casaca azul turquesa, bordados de oro y plata. Medias de seda verde, un echarpe de paño veteado

4. La ropa interior hasta el siglo XIX ha sido siempre un objeto minoritario y de élite. Su valor y singularidad le conferían un carácter de prenda de lujo. De ahí que apareciera en los testamentos e inventarios de bienes de las damas nobles. También se legaban los encajes, puntillas y bordados. Y hasta las piezas de seda.

y un tocado de plumas...». La bella cortesana romana, Tullia de Aragona tuvo que declarar «once calzones de algodón» en el inventario de sus bienes, fechado el 23 de abril de 1556. Sin embargo, lejos de los fastos y lujos italianos, en la brumosa Escocia, la desdichada María Estuardo declaraba en un inventario de 1563 modesta y sencilla lencería: «Siete varas de tela de Holanda, para hacer tres calzones a la Reina...». ¡Austera reina, orgullosa reina católica! Nos tememos que una de sus desdichas fuera la de no leer al Aretino... ¿Cómo extrañarse de que, en el día de su triste ejecución, llevara «bajo su falda de terciopelo, por debajo de sus medias de seda azules mantenidas por ligas de seda... calzones de franela blanca». Franela blanca... ¡para una reina! Y sedas lujosas para las cortesanas... Así se escribe la historia. Así lo declara «otra mártir de los calzones»... Pero ¿qué decir de la también reina, aunque anterior en el tiempo, la española Isabel La Católica, de la que leyendas sin nombre, que atraviesan el hilo de la historia, juran y perjuran que jamás tomó un baño y que apenas cambiaba de ropa?

¿Cuándo maduraría tan olorosa decisión? ¿Acaso entrevió en los cajones íntimos de su madrileña preceptora, Beatriz Galindo, tan bella como culta, un mundo de sedas, encajes y bordados inaccesibles para ella? ¿O fue en la penumbra de aquellas clases de latín? Fuera como fuese, la muy católica reina marcaría la pauta de los cuidados que una española media debía brindarse. Puritano ejemplo el suyo. La Inquisición se abría paso. Primero, en los corazones y en las costumbres. Luego, en los Tribunales del Santo Oficio y de La Santa Fe.

Las altas y crecidas damas
de Don Quijote

Intervención de José de Lugo en un dibujo de Gustavo Doré. (Del libro *Memorias de un visitador médico*, 1969.)

> Y díceles que quien les ha de vestir el
> cuerpo no ha de ser el pensamiento livia-
> no, sino el buen concierto de la razón; y
> de la compostura secreta del ánimo ha
> de nacer el buen traje exterior, y que este
> traje no se ha de cortar a la medida del
> antojo o del uso vituperable y mundano,
> sino conforme a lo que pide la honesti-
> dad y la vergüenza.
>
> *La perfecta casada,* Fray Luis de León

Curiosa España, la España medieval. Curiosa y pluralista España, la España judía, árabe y cristiana... Disociadas de una vez para siempre ternura y pasión en la religión cristiana, no es de extrañar su animadversión al árabe, para quien sexo y corazón están profundamente entrelazados.[1]

Al igual que en la Europa medieval, vivimos aquí en plena efervescencia del amor cortés, sorprendente fruto de una tremenda represión social contra cualquier manifestación amorosa. Como muestra esta poesía árabe del siglo x, poesía del jiennense Ibn Farach, mágico compendio de la sensual literatura árabe en que el amor es carnal hasta en su negación:

Aunque estaba pronta a entregarse, me abstuve de ella y no obedecí a la tentación de Satán.

1. De ahí, sus constantes y encarnizadas luchas.

Apareció sin velo en la noche, y las tinieblas nocturnas, iluminadas por su rostro, también levantaron aquella vez sus velos.

No había mirada suya en la que no hubieran incentivos que revolucionaran los corazones. Mas di fuerzas al precepto divino, que condena la lujuria sobre las arrancadas caprichosas del corcel de mi pasión, para que mi instinto no se rebelase contra la castidad.

Y sí pasé con ella la noche como el pequeño camello sediento al que el bozal impide mamar.

Tal un vergel, donde para uno como yo, no hay otro provecho que el ver y oler.

Que no soy como las bestias abandonadas que toman los jardines como pasto.

«Este es el canto de un mutilado [2] social...», sentencia Xavier Domingo, en su documentado libro *Erótica hispánica*, libro de inestimable consulta para el viaje que emprendemos.

Al lado del poeta árabe, los Sanchos, Ramiros, Alfonsos y Urracas son auténticos pardillos en lo que al arte de amar se refiere. Más castellanos que sus mazmórreos castillos, más pétreos que sus férreas armaduras. Castos donde los haya: ¡guerreros, vaya! Salvemos de la quema —¿y cómo no si seguimos en plena Edad Media?— a un par de geniales vagos: dos arciprestes, dos curas sensuales y vividores, amigos del placer y de la buena mesa. Inofensivos seres en una época de míticos guerreros, Juan Ruiz, Arcipreste de Hita, y Alfonso Martínez de Toledo, Arcipreste de Talavera.

El libro del buen amor del Arcipreste de Hita constituye un excelente documento sobre los gustos

2. «Mutilado...», hasta en los pantalones. Los habitantes del sur del Mediterráneo, por oposición a sus vecinos del norte, no abandonarán en toda su historia sus abiertos vestidos, que utilizan para cualquier actividad sedentaria. Sólo en el caso de los guerreros, pondrán bajo el vestido un protector pantalón. En la actualidad, árabes, musulmanes e hindúes siguen fieles al vestido abierto y flotante. E idéntica observancia rige para el mundo femenino. Al que se añade el velado del rostro.

70

y costumbres eróticas de la España del siglo XIV. La mujer «ha de ser de talla» y, sobre todo, *rubia* (fetiche permanente de la mitología ibérica que, según insisten los arabistas, es de origen árabe), «ancheta de caderas», tendrá los «ojos fermosos, pintados y relucientes», con «labios vermejos y angostillos». Y para terminar, brindan: «Y que en buena hora sea de vos cuerpo tan *guisado*...».[3] *El Corbacho*, del Arcipreste de Talavera, aparte de ser una feroz diatriba contra el amor loco (aquí los surrealistas quítanse el sombrero), al que sólo siguen catástrofes muy duras y «muy dolorosas todas ellas», es un fidedigno retrato de las orgías, depravaciones, pasiones y disparates de la nobleza española del siglo XV. Los dos cultivan con especial agrado el mito de la Serrana. Poderoso personaje de la mitología ibérica, la Serrana, mujer dura, autónoma y un tanto arisca, se ampara en la sierra y vive de asaltar viajeros, a quienes «compensará» con cama y comida. Siempre saldrá defraudada, porque, como todos saben, «no hay quien contente a una auténtica serrana». Nos la cantan dotada de poderosos fetiches eróticos. Es chata (el no va más de la sensualidad), de penetrante olor y salvajes desnudeces apenas encubiertas por pieles de agrestes animales. A juzgar por los romances y las leyendas medievales, la Serrana dominaría la imaginación erótica unos buenos siglos más. ¿Quién sabe si aquel *honorable* ciudadano, el Duque de Ahumada, no creara la Guardia Civil en pleno siglo XIX para acabar de una vez con serranas, bandoleros y otros locos de amor?... La Serrana, hermana mayor de una tal Vienna, estupenda mujer enamorada de un tal Johnny Guitar y reina de aquella maravillosa película, de las que sólo se hacían antes. Serrana moderna de blanca enagua y camperas botas, hija de la romántica cabeza de Nicholas Ray, que, o mucho me sospecho, o había leído a nuestros simpáticos curas... ¡Lástima que nuestra

3. El subrayado es mío.

singular serrana no deje de ser un personaje mitológico! ¿Para qué ilusionarnos? Lo corriente y moliente de la época es la señora de su casa, de su convento o de su burdel.

Aquellas tiernas jovencitas, hijas de buena familia, incautadas en la soledad de los claustros, serán la tierra prometida de un personaje incansable: la Trotaconventos, la abuela de la universal Celestina. Pocas veces falla. Pocas veces vuelve de vacío al Calixto de turno, que impaciente aguarda. Tiernas novicias que coquetean con Dios, mientras encienden sus corazones con las prohibidas lecturas de los libros de caballería, amadises y gaulises y caen, ¡insensatas!, en sus astutas redes. Serán los últimos cartuchos de un pasado hedonista que, como el humo, se va. Instalados los catolicísimos reyes en el poder, comenzarán las purgas a tan gozosas libertades. La casta cristiana, que domina ya la jerga cultural y literaria, anuncia con uterinas furias anticarnales los fuegos de la ya cercana Inquisición. Reducidos a leyenda los «gigantes» árabes, la casta figura de Don Quijote se alumbra ya por las esteparias tierras manchegas. ¡Adiós goces, adiós serranas, adiós arciprestes cachondos! Un viejo lunático, un estrafalario caballero que ni come, ni bebe, ni besa ni nada, os ha *enderazado* para siempre. He aquí instalado el triunfo de la pureza como orgullosa moral sexual, a tono con la sufrida estepa castellana. La del polvo, sudor y hierro... En el altar, Dulcinea, especie de virgen en la que igualmente «operan» por tentosos milagros. Simplona y anodina, vése trasvestida en singular doncella. Dulce y amorosa, bella y laboriosa. Ella, la Dulcinea del Toboso (¡y hasta el nombre se las trae!) se convierte en oasis fugaz en esta especie de western que es *El Quijote*, en ideal inalcanzable del lastimoso caballero. Compañeras de viaje son «las altas y crecidas damas», duquesas y marquesas de tronío sin igual, que deslumbran siempre a nuestro héroe por su «mucha crianza y cortesía». Y a quien sin piedad inflingen «descomunales y perversas jugarretas».

¿Qué nos queda de las locas desventuras corteses? ¿De los profundos lamentos de enamorados árabes? Poca cosa. El Quijote, *summa* perfecta del puritanismo moderno, coco de la sensualidad y estandarte de una nueva moral, marcará rumbos aún más graves a la ya melodramática literatura castellana, atormentada por «el cómo se pasa la vida» y «cuán presto se va el placer». Poco más podemos hacer que cortar rápidamente la crónica, porque Quevedo, Juan de Valdés, Luis de Alarcón, Diego Gracián, Melchor Cano, Fray Luis de Granada, etc., lo pintan aún más negro. De poco le vale a Lope derrochar gracia, en su cortesana *Dorotea*, o a un Francisco Delicado, en su deliciosa *Lozana Andaluza*. Nos quedamos sin saber gran cosa de nuestros imperiales españolitos y mucho menos aún de ellas...

Mientras tanto, media Europa, de Londres a Roma, se viste «a la veneciana», y a la veneciana adora, por sus vaporosos calzones de vivas sedas que se abren cuando se tienen que abrir y deliciosamente se insinúan en aquellos festivos bailes a los que el culto renacentista llamará «las moriscas».

La condesa de Aulnoy viaja por España

Retrato de Ana de Austria, reina de España, por Sánchez
Coello. La reina aparece con corsé aplanador y con la invención española de la «gorguera», elevada aquí a su máxima expresión.

> Todas las damas, generalmente hablando, son honestas y afables, sobre todo aquellas que han viajado un poco con sus maridos.
>
> El Rey de España odia perfectamente a franceses y francesas.
>
> Marquesa de Villars, embajadora de Luis XIV en España, carta VIII a Mme. Coulanges, citado en *Viajes por España*, selección de José García Mercadal.

España que, en el siglo XVI, marcaba la pauta de la moda europea, lanzando las principles novedades indumentarias, las gorgueras, la capa, el verdugado [1] y el corsé,[2] se muestra, sin embargo, real-

---

1. Originalmente «guardián de la virtud», empezó a usarse en España en 1470, con el nombre de guardainfante (para ocultar maternidades no queridas o inoportunas), y su uso se extendió rápidamente a Francia con el nombre de *vertugalle*, o *vertugadin*. El verdugado era una compleja estructura metálica que ceñida a las caderas las ampliaba exageradamente. Su uso se correspondía con el corsé para dar, más aún, la sensación de esbeltez en el talle. Con distintos nombres, el *farthingale* inglés, el *panier* y *crinoline* francés y el miriñaque español se mantendría hasta bien entrado el siglo XIX.

2. El corsé tiene dos explicaciones, una de origen moral y otra estético. El origen moral está claro, pues los primitivos corsés españoles borraban prácticamente el pecho fe-

mente austera a la hora de renovar modelos, o utilizar tejidos más lujosos, para la confección de unas prendas que se usaban en medio mundo. De 1580 a 1620, o sea apróximadamente la época de esplendor del imperio español, cuando la conquista de América comienza a ser rentable, y con Velázquez como pintor de cámara del rey Felipe IV, la moda española marca la ley en sus vecinas Cortes de Francia, Inglaterra, Austria o Italia. Pero, en todas ellas, alcanza un refinamiento y distinción que la sobriedad castellana no podía por menos que censurar. La galería de retratos de la época, que puede admirarse en cualquier momento en el Museo del Prado madrileño, nos sugiere mejor que ningún otro documento histórico el luctuoso espíritu de una corte en la que, sublime paradoja histórica, no se ponía el sol. Rígidas gorgueras y ceñidos vestidos (siempre negros), superpuestos sobre ceñidos corsés y enmarcando rostros aún más rígidos, son la nota dominante. Cuellos y piernas constituyen auténticos tabúes, con gran asombro de delegados y embajadores extranjeros, acostumbrados a los profundos escotes de sus salones, que no pueden por menos que maravillarse de la ñoñería vestimentaria de una Corte que, sin embargo, tiene a raya a media humanidad.

Años más tarde, los extranjeros, no sólo se maravillarían, sino que lo escribirían. España es uno de los países que goza de mayor documentación por lo que a libros de viajes se refiere. Además del apogeo de viajes en plena época romántica, siempre hubo algo mágico en la forma en que los extranjeros narraron sus peripecias por España.

Uno de los primeros y más entretenidos es el viaje de la Condesa de Aulnoy, realizado en 1679 y 80, y que constituye un ameno e interesante docu-

menino. El lado estético alude a la deseada delgadez de la época, estética igualmente impregnada de moralidad, que justifica el que se obligara incluso a los hombres a usar corsé.

mento sobre la España de Carlos II.[3] La Condesa, mujer culta, inquieta y librepensadora, amaba España en la que había estado ya varias veces tal y como se refleja en otro de sus libros, *Memorias de la Corte Española*. Gracias al espíritu imaginativo de su autora, resulta un libro muy agradable de leer. Lejos de ella filosofías baratas o folklorismos al uso. Todo lo contrario. Su viaje está narrado con tal precisión y naturalidad que sorprende en una mujer de su clase, educada además en los salones literarios de la famosa Madame Desloges, tía carnal suya.

La Condesa vio así a una dama española del siglo XVII:

Su traje me pareció muy singular. Es preciso que una mujer sea tan hermosa como la marquesa de los Ríos para conservar algún encanto envuelta en aquellas negruras. Negra era la toca, negro el vestido, negra la batista sin pliegues que caía más abajo de la rodilla, negra la muselina que le envolvía el rostro y le cubría la garganta, tapando por completo su cabellera, negro el manto de tafetán que la ocultaba hasta los pies, negro el sombrero de anchas alas, sujeto en la barbilla por cintas de seda negra.

Más tarde, a su paso por Lerma, coincide en una velada con la Condesa de Lemos, ferviente enamorada de Francia, en cuya Corte había permanecido frecuentes temporadas, y a quien describe así:

La dama se acercó a la reja poco rato después, vestida como las españolas de cien años ha. Llevaba chapines, que son una especie de sandalia que no aguanta mucho el pie y con los cuales no es posible andar sin la ayuda de otra persona. Sostenían a la condesa las dos hijas del marqués de Carpío, una rubia, cosa poco frecuente en España, y la otra con los cabellos negros como el azabache. Su hermosura me sorprendió, y para mi gusto sólo las encontré excesivamente delgadas, pero

3. *Viaje por España en 1679 y 1680*, Condesa de Aulnoy, 2 vols., Editorial Iberia, Barcelona, 1962.

esto no es un defecto en un país donde agrada ver los huesos dibujados por debajo de la piel. El traje de la condesa de Lemos me pareció tan extraño que me impuso cierta preocupación. Aquella señora vestía con una especie de corpiño de raso negro, abrochado con gruesos rubíes de un valor considerable y tan subido el cuello como un ajustador, con mangas estrechas rematadas en altas hombreras. Un espantoso guardainfante, que no le permitía sentarse como no fuera en el suelo, ahuecaba una falda bastante corta, de raso negro, profundamente acuchillado con brocado de oro. Llevaba un cuello alechugado y un collar de magníficas perlas y brillantes. Sus cabellos eran blancos, pero los ocultaba cuidadosamente bajo una orla negra. Tenía setenta y cinco años, y juzgué que había sido extraordinariamente bella; sus ojos brillaban aún, y su piel estaba tersa, libre de la más insignificante arruga. Fuera difícil encontrar un carácter más delicado y más vehemente que el de la anciana condesa. Su talento chispeante y su hermosa figura, según me dijeron, había lucido mucho en la sociedad de su tiempo. Yo la contemplaba como se contempla una interesante antigüedad.

Ya en el **País Vasco**, se hace eco del uso del vasco por parte de las damas: «Tienen tal costumbre de usar el dialecto de su provincia que difícilmente podrían expresarse de otro modo en las conversaciones familiares», y disfruta de amenas conversaciones con sus nuevas amigas, con quienes, felices, se intercambian regalos: «Había yo notado que las cintas eran sus adornos preferidos y les envié muchas cintas y algunos abanicos. Ellas, por su parte, me ofrecieron guantes y finísimas medias de hilo…». Y la dama, que, como veremos, venía de una Francia en plena revolución de las ropas íntimas, no puede dejar de observar:

Las mujeres llevaban, hasta hace algunos años, guardainfantes de un tamaño monstruoso que las incomodaba e incomodaba también no poco a los demás. No había puertas bastante anchas para una mujer con guardainfante. Ahora, sólo lo usan cuando van a ver a la reina o al rey, pero de ordinario usan una especie de verdugado, compuesto de cinco o seis aros de alambre, unidos unos a otros con cinta, que parten de la cintura, ensanchan hasta llegar al suelo y ahuecan el vestido debajo del cual se ponen hasta varios refajos.

La falda suele ser lisa y de tafetán negro. Debajo de la falda, llevan hasta media docena más, muy hermosas y todas bordadas. Al decir media docena no exagero, sólo en los grandes calores del verano se limitan a ponerse tres o cuatro, entre las cuales no falta nunca alguna de terciopelo, o de pulido y fuerte raso. Todo el año llevan, debajo de la falda más inferior, otra de tela blanca que se distingue con el nombre de *enagua*. Es de preciosas puntillas de Inglaterra, o de muselina bordada, y tiene cuatro varas de vuelo. Algunas enaguas cuestan quinientos y hasta seiscientos escudos. Por casa no llevan las señoras verdugados ni chapines, que son una especie de sandalias de brocado, provistas de una plantilla de oro y que las levantan tres pulgadas. Con los chapines calzados se anda mal y con mucho riesgo de caerse.

El corpiño es bastante alto en la parte anterior. Pero, por detrás, deja al descubierto media espalda, lo cual no es muy agradable, porque las españolas no acostumbran a tener buenas carnes y, como, por añadidura, suelen ser morenas, lo que muestran tiene pocos atractivos para los no acostumbrados a tan escuálidas y huesudas desnudeces. La carencia de pechos es otra de las condiciones que aquí caracterizan a una belleza femenina, y las mujeres cuidan mucho de que su cuerpo no tome formas abultadas. Cuando los pechos empiezan a desarrollarse, los cubren con tenues laminitas de plomo y se fajan como se les hace a los recién nacidos. Sus manos adorables no tienen defecto alguno, son pequeñas, blancas y bien formadas; las mangas anchas que llegan hasta la muñeca contribuyen a lucir, por contraste, su pequeñez. Esas mangas son de tafetán de colores, como las egipcias, y tienen puños de puntilla. El corpiño es generalmente de brocado, cuya seda ostenta vivísimos colores.

He aquí nuestra enjaulada dama del XVII luchando contra las angosturas de las puertas. Dama que atrae a nuestra viajera, porque «...las españolas tienen un ingenio del que nos hallamos a mucha distancia, son cariñosas, amigas de agradar y, ensalzan de manera noble, con viveza y discernimiento. Sorprende su gran memoria, que se acompaña de un gran poder imaginativo. Su corazón es muy sensible, algunas veces más de lo conveniente. Leen poco y escriben menos, pero aprovechan muy bien sus escasas lecturas y lo que raras veces escriben, resulta oportuno y conciso». Supongo que la culta condesa debe de referirse a la excelente escritora María de Zayas y de Sotomayor que, por su desenfado y sensualidad, puede calificarse como la primera escritora erótica moderna. Desconocida en España, fue bien tratada en Francia, donde escritores célebres, como Scarron, le dedicaron un «digno» homenaje: plagiar literalmente sus deliciosas novelas cortas como *Aventurarse perdiendo* y *La burlada Aminta*.

Desgraciadamente, la condesa refleja con mayor finura el ambiente de clase alta que estaba acostumbrada a tratar y descuida un tanto el describir las costumbres y modos de las demás clases. Clases que, además, se diferencian radicalmente a la hora de vestirse, no sólo en la calidad de los tejidos, sino también en las formas. A este respecto, es muy ilustrativa la pragmática de 1639 que estipula que: «Ninguna mujer puede traer jubones que llaman escotados, salvo las mujeres que públicamente ganan con sus cuerpos y tienen licencia para ello, a las cuales se les permite usar dichos jubones». Pragmática que, por otra parte, sanciona legalmente la extendida costumbre de la prostitución femenina en la España del siglo XVII.

Pero dejemos a la condesa descansar en las desvencijadas posadas españolas de la época y vayámonos a su tierra de origen, en pleno reinado del muy galante Luis XIV, el «Rey Sol».

El «soleado» país de las caídas galantes

Cortesana, grabado del siglo XVI. Museo de Cluny, París. La cortesana veneciana lleva, debajo de la larga falda, calzones hasta las rodillas y zapatos de suela alta.

Et mon coeur autrefois superbe,
humble se rendit à l'amour
quand il vit votre cul sur l'herbe
faire honte aux rayons du jour.[1]

Versos a *La Belle Lionne*, Vincent Voiture

Con ocasión del matrimonio de Catalina de Médicis, en 1533, con el futuro Enrique II, dos aspectos de la refinada cultura italiana marcarían su ley en Francia: su cocina y su moda. El posterior matrimonio de María de Médicis con Enrique IV, en 1600, afianzaría aún más la expansión de la poderosa cultura italiana del *Cinquecento*. La propia Catalina había importado ya a la Corte francesa el uso de los verdugados, que, como vimos, son de origen español, acompañados de sus correspondientes corsés.

Como veleros en trance de naufragio, las damas invadían los salones para gran desesperación de sus anfitriones, cansados de tirar tabiques para dar paso a semejantes armazones. Pero «*ces vertugalles ouvertes laissent les fesses découvertes*», se burlaba M. le Cul en sus populares sátiras, *Complainte de M. le Cul contre les inventeurs des vertugalles*. Ciertamente, hinchadas al viento las faldas por el verdugado, el abdomen femenino quedaba sin protección, ex-

1. Y mi corazón antes soberbio, / humilde se rindió al amor / cuando vio vuestro culo en la hierba / ruborizar al sol.

puesto al «polvo» de las ciudades y a los rigores del clima. Fue así cómo se feminizó una prenda en su origen masculino, «las calzas», o *caleçons*, calzones, y que Catalina de Médicis, que no dudaría en aceptarlas, bautizaría con el refinado *brides à fesses* (literalmente, «bridas para las nalgas»). Estos calzones moldeaban los muslos, uniéndose a las medias por debajo de las rodillas gracias a bordadas y lujosas ligas.

La importancia de las *brides à fesses* en el comportamiento de las damas de buena sociedad fue enorme. *La vie des dames galantes*, del abad y señor de Brantôme, Pierre de Bourdeilles, es un excelente testimonio. Curioso observador y agraciado con una memoria de elefante, Brantôme retuvo los menores detalles del vestido de sus contemporáneas. Desde los famosos echarpes de Margarita de Valois hasta las joyas en forma de calavera que luciera Margarita de Navarra con ocasión de la muerte de La Mole en 1574. En el asunto de los calzones, Brantôme es de una observación escalofriante: jamás olvida reseñar si las damas que sucesivamente va conociendo en su vida, los usan o no. Confeccionados en principio con tejidos propios de ropa interior, como el algodón o el lino, pronto se transformarían en tejidos de seda, hilos de oro y plata y preciosos bordados, lo cual indica hasta qué punto las damas los habían concebido, no precisamente para ocultarlos, sino más bien para exhibirlos.

En el capítulo «Segundo discurso», relata la curiosa historia de una española, tan bella como caprichosa, que, habiendo conocido a un amigo suyo en Roma, se negaba terminantemente a que le acariciara los muslos (*les cuisses*), mientras no llevara puestos sus calzones. Había calzones abiertos y calzones cerrados, lo cual solía coincidir con el estado de ánimo de la dama o con su situación social. Los cerrados se adjudicaban a las virtuosas esposas. Y, al igual que hoy con los dichosos *panties*, los enamorados se irritaban mucho cuando, en su ruta amorosa, tropezaban con unos calzones… cerrados.

En su tercer discurso, «Sobre las virtudes y bellezas de las piernas bonitas», se le hace la boca agua recordando sus citas galantes con la princesa Catalina de Médicis, quien favorecía espléndidamente a una de sus damas *«parce qu'elle lui tirait ses chausses aussi bien tendues et en accommodait la grève et mettait aussi proprement la jarretière…»* (porque le ajustaba muy bien los calzones a la pantorrilla y le colocaba estupendamente la liga). Y tantos otros cuidados que nos llevan a pensar que no eran para ocultar sus piernas bajo las faldas, sino para exhibirlas a veces con los bellos calzones de hilo de oro y plata hechos con gran delicadeza y mimo…

Y Brantôme, después de obsequiarnos con detalladas narraciones de cómo cuidan sus piernas las damas que él conoce, confiesa que la cuestión es tan vieja como el mundo y relata que ya con los romanos «Lucio Vitelio, padre del emperador Vitelio, enamorado de su nuera Mesalina y no queriendo enemistarse con su hijo, le pidió a ella un día el honor de descalzarla. Mesalina aceptó y le ofreció uno de sus escarpines, que él llevó desde entonces cerca de su corazón, besándolo a menudo, porque, ya que no podía tener el adorado pie de su dama, se consolaba al menos con su zapato». Y termina refiriéndose a mil caballeros distintos, a los cuales ha tenido el placer de conocer y que no estrenaban un nuevo par de medias sin rogar a sus damas que antes las llevaran ellas una temporada, y a la vista. Tras esta femenina «entronización», se las ponían con gran veneración y alegría de cuerpo y espíritu.

Este exquisito libro,[2] merecería todo un capítulo. Pero nos quedan muchos deliciosos temas que descubrir en nuestro cuaderno de ruta. Despidámos-

---

2. La edición consultada es *Les dames galantes*, Le Livre Club du Libraire, París.

lo, pues, relatando una galante y divertida historia que narra Brantôme en su «Quinto discurso». Se trata de dos hermanos que se animan mutuamente a fin de seducir a dos damas. Uno de ellos, el duque Henri de Guise, lo intenta cortésmente. El otro, duque de Mayenne, impaciente y audaz, desgarra directamente los calzones de la púdica Catalina de Valois y orgullosamente predica a su hermano: «Déjate ya de actuar a la española, pues no es con los ojos, ni con los gestos, ni con las palabras cómo se hace, sino con el placer que todo amante debe saber ofrecer». Relato doblemente interesante desde nuestra perspectiva hispánica, pues parece insinuar que los españoles son amigos de perderse en ceremonias, cortesías y demás gestos de honor. Ustedes sabrán...

En el alborear del siglo XVII, seguían reinando los verdugados y sus correspondientes calzones. Tanto impacto tenían que su uso se democratizó, y los pobres reyes franceses se las veían para restringir con severísimos edictos la ocupación de las ciudades por tan ampulosas señoras. Para más inri, las altas damas, ofendidas en su distinción, se dedicaron a «ahuecar» aún más sus faldas. Esta lucha de clases originó violentas y feroces sátiras como el popular *Discours sur la mode*, de 1613:

El gran verdugado es hoy común a las francesas
del que usan libremente hasta las burguesas,
aunque los de éstas son más pequeñitos,
pues las grandes damas no se conforman con menos de
10 coditos.[3]

En la historia del vestido en Europa,[4] un hecho se reproduce constantemente hasta bien entrado ya el siglo XX: el de la promulgación de distintos edictos y leyes por los parlamentos y policías europeos

3. «Codo», unidad de medida.
4. Sobre estos temas del trasfondo social de la moda, es ilustrativo consultar *L'Encyclopédie ilustrée du costume et de la mode*, Ed., Gründ, París, 1970.

recordando cuáles son los tejidos y colores que están a la altura del rango y clase social de cada cual. Así, en 1667, en Alemania, la policía de Friburgo emitía el siguiente edicto:

Queda terminantemente prohibido a las mujeres el uso de vestidos con escotes profundos que, al provocar pensamientos frívolos, inducen a conductas reprobables. Igualmente les está prohibido el uso de altas botas blancas, medias de colores extravagantes, ligas, etc. Quede claro, además, que cada cual deberá vestir según su condición para conservar las diferencias de clases.

Avanzado ya el siglo del Rey Sol, las damas fueron relegando sus verdugados al polvo de los armarios, reservando los calzones para montar a caballo, aunque, al parecer, olvidaban éstos muy a menudo, a juzgar por la literatura de la época, repleta de relatos regocijantes de caídas de caballo, las cuales divertían grandemente a su graciosa majestad y a su lúdica Corte. Tales accidentes terminaban a menudo en famosos esponsales. En *Le cours de Médecine en Français contenant le miroir de beauté et santé corporelle*, publicado en Lyon en 1664, el doctor Louys Guyon cuenta la chispeante historia de una señorita que no llevaba calzón: [5]

Una señorita de 18 años, sirvienta, viajaba en compañía de su señora, cuando, queriendo franquear un obstáculo, cayó cuan larga era sobre su caballo quedando al descubierto ante la amable compañía todas sus partes secretas: vientre, piernas y nalgas.
Viendo esto, un joven noble y rico acudió presto a ayudarla, prendado como estaba de sus bellas y blancas partes. Confesóle su amor, y ella, astuta, no le prometió nada hasta que solemnemente se hubiera casado con ella. Lo que el joven aceptó de buen grado. De esto hace ya veinte años. Ella sigue conservando limpias y hermosas aquellas partes que le enamoraron. El la ama más que nunca.

5. Para consultar más caídas galantes, véase *L'Histoire pittoresque du pantalon féminin*, Romi, Jacques Grancher Editeur, París, 1979.

Edificante historia de amor que recuerda otra caída feliz, la de Mlle. Churchill, según el relato de Antoine Hamilton en *Mémoires du compte de Grammont*:

Mlle. Churchill tropezó, dio unos gritos y cayó. La caída no pudo ser más torpe de puro rápida; sin embargo, le fue muy favorable, pues no sólo no se hizo daño, sino que así desmintió todo lo que su rostro hubiera sugerido de su cuerpo. El duque bajó para ayudarla. Estaba tan aturdida que olvidaba que todos la observaban. Nadie podía creer que un cuerpo de tal belleza correspondiera al rostro de Mlle. Churchill. Después del accidente, pudo observarse cómo los cuidados y la ternura del duque iban en aumento.

O también, la bella poesía de Vincent Voiture, deslumbrado por la seductora caída de Angélique Paulet, maravillosa criatura, hija del secretario de cámara de Enrique IV, llamada también La Belle Lionne:

> Angélique, estoy bajo vuestra ley,
> y sin remedio esta vez,
> mi alma es vuestra prisionera,
> pues sin justicia y sin razón
> me habéis prendido por vuestro trasero
> ¡oh, qué noble traición!...

Con el «olvido» del verdugado, la mujer ensaya otras lencerías íntimas, de nombres bien expresivos: tres enaguas, llamadas la *secrète*, la *frippone* y la *modeste*, superpuestas por este orden, moldean el cuerpo femenino. Mientras, el corpiño pierde rigidez y desvela de nuevo perdidas redondeces, Montaigne describe así el nuevo corsé: «Es una especie de faja que ciñe el pecho desde debajo de los senos hasta la cintura y que termina en punta sobre el vientre».

Cécil Saint-Laurent, autor del documentado libro, *Histoire imprévue des dessous féminins*, reflexiona sobre este punto: «Parece que, en todas las épocas, las mujeres han experimentado el deseo de estar constreñidas, ceñidas, atadas, ya sea al nivel de las caderas o de los senos, y que, desde las bandas de la ateniense hasta la faja actual, pasando por el corsé, casi siempre lo han logrado». La obra de Saint-Laurent, seudónimo de un hombre feminista y femenino, está alcanzando carácteres de mito, entre otras cosas porque, a raíz de la desaparición de la editorial Solar que publicó su libro, es hoy absolutamente inencontrable en librerías. Lástima que le pierda un desmedido historicismo y un evidente esfuerzo de «cientificar» el tema mediante abstractos conceptos que enumera como si de axiomas matemáticos se tratara. Constituye, sin embargo, referencia obligada por sus inestimables sugerencias. Yo me quedo, sin embargo, con la poética visión de un Jean Schuster, quien escribe así en el *Lexique succint de l'érotisme*:

Dessous, vêtements féminins de fine étoffe, destinés à médiatiser la chair et à en suggérer l'offre. Dans le paysage du désir, les dessous passent comme des nuages essentiels.[6]

El siglo XVII fue pródigo en costosas y cuidadas lencerías íntimas. El siglo XVIII, el siglo de la Ilustración, desvelaría poco a poco el tan rígido como ceñido cuerpo femenino.

Imaginemos el cuadro: un salón privado, música de cámara, Vivaldi o Corelli. En primer plano, nuestra elegante dama quien, ayudada por una sirvienta, termina de estrecharse el corsé; un caballero, de rubia peluca y casaca escarlata, la observa entregado. Es todo un ritual: suaves pieles reposan

6. Que, en áspero castellano, sería: «Ropa interior, prendas femeninas de finos tejidos, destinadas a mediatizar la carne y a sugerir la ofrenda. En el paisaje del deseo, las lencerías pasan como nubes esenciales», *Lexique succint de l'érotisme*, Eric Losfeld editor, París, 1970. En esta obra participaron numerosos surrealistas.

en un sillón al lado del perrito —serán la envoltura de tan almidonadas enaguas, corsés y miriñaques. Baudoin lo pintó así en su exquisito cuadro *La toilette*, incapaz de resistirse a la fascinación de la escena, en los albores del siglo XVIII. Años antes, Rubens, prototipo de la sanguínea sensualidad flamenca, despreciaría enaguas, corsés y demás divertimentos. Sus rotundas damas, que marcarán durante mucho tiempo el canon de la belleza, retozan vivaces en sus cuadros, orgullosas de sus ampulosas formas, tan barrocas como el siglo que las vio nacer, y desnuditas todas ellas...

El siglo XVIII, el siglo de la medida, el Racionalismo y la Enciclopedia, no toleraría tales excesos. La mujer afina su figura al igual que Mozart afina sus violines. Esbelta y armoniosa, se entregará a fondo al espírtiu liberal del siglo. No en vano, el ya citado Romi, recientemente galardonado por sus estudios sobre el tema, lo bautizará acertadamente como *le temps joyeux des fesses en l'air*. O, en castizo, si lo prefieren, «el feliz tiempo del culo al aire».

El Siglo de las Luces

«Una bella apariencia favorece el crédito.» Ilustración de
Moda burguesa, por N. Guérard, *c*. 1690. La falda, con polisón ya anunciándose, se recoge voluntariamente para mostrar las medias de seda bordada.

TOUT CE QUI RELUIT N'EST PAS OR
Mode d'imiter les gens de qualité
Autant que faire se peut
Mode de trousser Juppes et
manteau jusqu'aux épaules
Une belle apparance soutient le credit
mode d'etre aussi braue que Sa voisine
mode d'aller en pantoufle par la ville
Mode de faire voir le bas de soye
Et la jarretiere a frange d'Or

> *O caleçons! Voile modeste*
> *qu'au détriment des yeux la pudeur déterrera*
> *à nos regards lascifs obstacle trop funeste.[1]*
>
> Pierre H. Robbé de Beauveset, sobre la ordenanza de 1764 de usar obligatoriamente calzones en escena.

En el siglo XVIII, Francia e Inglaterra dominan el mundo. Mientras los ingleses no paran de navegar y «civilizar» sus nuevos dominios, los franceses despliegan toda su artillería en la conquista de los salones europeos. Toda la aristocracia, sea cual sea su nacionalidad, habla francés, y los que no, se pirran por pronunciar *robe battante, robe à la française, crinoline, panier,* etc.

El final de siglo alumbrará una de las revoluciones más espectaculares de la Historia: la francesa, la revolución de los *sans-culottes.* Pero antes, en el terreno del vestido, habían pasado muchas cosas. Por de pronto, el vestido masculino, que, desde la Antigüedad hasta ahora, había gozado de una evidente supremacía de tejidos, bordados, pedrerías, calidades y diseños, empieza a pasar a segundo plano, hasta culminar su «decadencia» en los monótonos hombres grises de la época victoriana, momento en que se identifica, por primera vez, sobriedad con virilidad. Es ahora cuando la mujer, que ha vuelto

1. ¡O calzones! Modesto velo / que en detrimento de los ojos el pudor desterró / a nuestras lascivas miradas obstáculo funesto.

por sus fueros en lo que a poder mundano se refiere, vuelve a mimar su tocado y a seleccionar cuidadosamente un vestuario del que depende, en sumo grado, su éxito económico y social. No sólo las mujeres ganarán con el cambio, la nueva burguesía industrial, comercial y urbana se lanza «a tumba abierta», pero ya sin complejos, a imitar los vestidos que, por la calidad de sus tejidos y su ornamentación, habían estado reservados tradicionalmente a la aristocracia. Y, por muchas leyes suntuarias, que, para mantener su «distinción», ésta consiga votar en el Parlamento (sobre todo en Inglaterra), no hay quien pare a los burgueses, quienes, conscientes de que su poder económico abre todas las puertas, se preparan a irrumpir en la Historia con lujosas casacas, vistosas pelucas y bien lustradas botas. ¿Quiénes son, si no, los dueños de las poderosas fábricas textiles de Manchester y Liverpool? Todo el Lancashire se puebla de elegantes burgueses, a quienes el envío masivo del cotizado algodón egipcio y de la lana del merino español encumbrará durante siglos en las hilaturas internacionales. La triunfante burguesía, consciente del «impacto» de los medios de comunicación, crea, además, las primeras revistas dedicadas al tema: «The Lady's Magazine» (1770), «Le Cabinet des Modes» (1785), «Le Journal des Dames» (1799), etc.[2]

2. Las revistas femeninas, o las que dedican gran atención a los temas llamados femeninos, moda, cocina y hogar, han gozado siempre de gran éxito. Aunque aparecerán gradualmente en el texto, he aquí una sucinta relación de las que ilustraron el panorama europeo en los siglos XVIII y XIX, además de las ya citadas: «Gallery of Fashion» (1797), «Modelbilder zur theaterzaertung» (1838), «Allgemeine Modenzertung» (1836), «Petit Courrier des Dames» (1839), «Le Charivain» (1856), «La Mode Illustrée» (1860), «Modenwelth» (1865), «Kladderadatsh Berlin» (1881), «Journal Amusant» y «Modes Parisiennes» (1868), y «La Gazette du Bon Ton» y «La Vie Parisienne» que aparecerían en plena *Belle Epoque* (finales del XIX). En esta época, comienzan también las americanas «Vogue» y «Harper's Bazaar».

Pero volvamos a la *douce* Francia, donde los Borbones siguen gozando como únicos «amos de la pista». Son los momentos más lúcidos y refinados de la monarquía francesa, momentos en que las damas semejan verdaderos fuegos artificiales ambulantes. Hacia 1715, costureras y clientas, cansadas ya de verdugados, se disponen a lanzar el *panier*, o miriñaque. Poderoso armatoste de rígida armadura entrelazada, a base de maderas, mimbres y ballenas, que ahuecará prodigiosamente los vestidos.[3] Y, debajo, ¿qué?... NADA... a juzgar por el rigor con que moralistas y teólogos arremeten contra él. El padre Bridaine los califica de «seductores cebos que tienen el poder de incitar al pecado a los desdichados hombres». En 1728, un teólogo, armado de las Sagradas Escrituras, denuncia: «Es intolerable el uso de miriñaques, nada más opuesto al pudor, a la modestia y a las buenas costumbres». Y, furioso, arremete: «La hinchazón de los vestidos trae consigo la idea de *desnudez*, la atención que provoca origina malos pensamientos y reflexiones obscenas». En el periódico «La Gazzette», en 1732, un redactor se descuelga con el siguiente comentario: «¿Cómo puede sufrirse un miriñaque que deja tanto espacio entre él y la mujer a quien rodea? ¿Acaso es un refugio para ocultar a los amantes?».

Las costureras, imaginativas ellas, aprovecharon la ocasión para hacerse de oro: sólo había que re-

---

3. El generalizado uso de miriñaques y la vuelta triunfal de su correspondiente corsé tuvo gran importancia económica. La demanda de dientes de ballena fue tal que unos avispados burgueses holandeses decidieron constituir una compañía dedicada exclusivamente a la contratación de balleneros para la caza y captura de las valiosas ballenas. La compañía, bajo la protección de Los Estados Generales de Holanda, empezó a funcionar en 1722 con un capital inicial de 600.000 *guldens*, ocupando a un inmenso ejército de balleneros, que, a su vez, provocaron una fuerte demanda de barcos de pesca. En el siglo XVIII corsés y astilleros navegaban juntos...

llenar ese espacio con distintas enaguas y sugerir
su uso mediante llamativos nombres. Nacieron así,
además de las ya citadas, *l'effrontée, la culbute, le
boute-en-train, le tatez-y...*

Los que no volvían, mientras tanto, eran los calzones. Y las damas seguían cayéndose del caballo,
de la diligencia o de sí mismas, mostrando al aire
sus *fesses vagabondes*. Tanto es así que un delicado
y preciado objeto, las tabaqueras, gozarán siempre
de la misma obsesiva decoración: las caídas galantes. *La chute galante* y *Le coup de vent* (el oportuno
viento que levantaba faldas) eran los temas favoritos de los fabricantes de tabaqueras del siglo xviii.
Nadie se sonrojaba al pasarse tabaco en los refinados salones rococó. Se decía: «La tapa de las tabaqueras es un reflejo de las costumbres», y Restif de
la Bretonne, encendido cantor de los ceñidos botines femeninos de los que hizo prodigiosas descripciones, escribe así en *Monsieur Nicolas* a propósito
de las cubiertas de las tabaqueras: «Es un fuego que
asa los globos inferiores de la mujer».[4] En efecto,
las damas tenían por costumbre calentar «sus glúteos» al fuego de la chimenea. De ahí las leyendas
explicativas que brabadores y miniaturistas se apresuran a añadir a sus cinceladas cajitas: «*Entre deux
feux...*», o también «*Les flammes du feu brûlent
moins que les feux ardents de vos deux amoureuses
mappemondes*».[5] Un grabado de A. Papavoine, sobre
un dibujo de Lenain, tuvo gran éxito entre las galantes cubiertas de la época: se trata de una dama
que, creyéndose sola, calienta sus «hemisferios» delante del fuego, mientras un joven escondido asiste
al espectáculo...

Al parecer, el único a quien no divertían nada
estas caídas era Jean-Jacques Rousseau. Eso al menos refleja en su *Confesiones*: «En un desdichado

4. *C'est un feu à rôtir les globes inférieurs de la femme.*
5. «Entre dos fuegos». «Las llamas del fuego queman
menos que los fuegos ardientes de vuestros dos amorosos
mapamundis.»

tropiezo, Mlle. Lambercier mostró su trasero al rey de Cerdeña, quien estaba a su lado... Confieso que no hallé la menor gracia en tal accidente, que, aunque cómico, me alarmaba por pasarle a alguien a quien yo estimaba como a una madre e incluso más».

Con tanta caída (¿provocada?), volvió al tablero el tema del pantalón, o de los calzones femeninos. En 1763, aparece en La Haya un libro titulado *Le Caleçon des Coquettes* que traerá cola. El crítico Bachaumont sentencia: «Esta obra indecente se denuncia ya en su título y no merece el menor interés». Y otras críticas afirman: «No es que sea indecente, es que es inoportuna». Veamos de qué se trata.

Todo empieza en París, en la plaza de Saint Sulpice, en un día de tormenta. Un fuerte viento arrastra a Dorimène, joven parisina, quien cae mostrando vientre, muslos y nalgas, pues no lleva calzones. Una monja, de grises hábitos, sor Verónica, lo ha visto todo y, corriendo, se precipita a ayudarla y a acompañarla a su casa. Por el camino, sor Verónica, la instruye en los benéficos usos de los calzones, que no sólo conoce a fondo, sino que incluso los confecciona en la soledad del convento:

Calzón bien blanco y bello hay que llevar,
pues cualquier viento maligno, o por delante o por
    detrás,
puede tus faldas levantar...

Intrigada por las confidencias de la monja, Dorimène la invita a cenar en su casa. Al segundo vaso de vino, la monja revela a su nueva amiga que una tía suya la inició desde muy pequeña en el uso de los calzones porque «un día, mi tía me dijo: "Como debajo del ano tienes un horrible signo, quiero que, desde ahora, lleves siempre y cambies cada cinco días un blanco calzón de cretona, medida que tomarás a fin de que siempre prevengas del defecto que tiene tu culo"». Visto el plan confidencial de la superiora, Dorimène se atreve a sugerirle que le muestre los suyos, ya que ella nunca ha visto ninguno. Lo cual hace con mucha gracia la «púdica» monja. Fácil es imaginar cómo este libro, considerado obsceno por la crítica, volvió a relanzar el tema de los calzones. En 1776, en el *Suplemento* de *La Enciclopedia* se lee: «ciertas mujeres actualmente llevan calzones en Francia durante el invierno para evitar enfermedades y, durante el verano, por higiene. También los llevan las que montan a caballo». Sin embargo, J. S. Mercier, en su *Tableau de Paris* de 1783, estima que nadie lleva calzones en París: «Con lo que las parisinas se exponen a infinidad de males».

Existe un tipo de mujeres a las que de ninguna manera se les permite, en la época, ir sin calzones. Se trata de las bailarinas y de las actrices de teatro. La historia empezó el día en que Mlle. Mariette, llamada también *La Princesse*, por sus relaciones con el príncipe de Carignan, enganchó su falda en el tirador de un mueble del escenario: «Sin miriñaque ni enaguas, el vientre desnudo y las nalgas al aire, posó "a la antigua", durante unos segundos, delante de la sala, repleta que no cesaba de aplaudir este espectáculo inesperado». Era lo que esperaba la policía local. Días más tarde, una ordenanza obligaba a todas las artistas, sin excepción, a llevar calzones.

El origen de esta polémica ley de 1764 ha sido atribuido también a las faldas cortas de un ídolo de la danza: La Camargo. «La Camargo», escribe René Desarbes en *Deux siècles d'Opera*, «aportó al teatro el uso de los calzones, que bien pronto la policía impondría como obligatorios». Pero parece que no está tan clara la cosa. Casanova de Seingalt, aventurero de mala reputación y viajero de medio mundo, incluida España, escribió en sus *Memorias*:

—He visto a una bailarina que recorre el espacio como una furia saltando como un ángel a un lado y a otro, pero sin elevarse demasiado del suelo, lo cual no impide que sea aplaudida con verdadero fervor.

—Es la Camargo —me respondió mi amigo—. Os felicito por llegar a París a tiempo para verla, pues lleva ya diez años en nuestros escenarios. Es la primera bailarina que da saltos, pues antes no se hacía. Y lo más admirable es que no lleva calzones.

—Pero si nunca le habéis visto los muslos, ¿cómo sabéis que no lleva calzones?

—¡Oh, no! Esas cosas se saben. Bien se ve, señor, que sois extranjero.

El éxito de Mari-Anne Cuppi, llamada La Camargo, fue tal que en 1730, en París, no se llevaban más que peinados a lo Camargo, mangas a lo Camargo... y faldas cortas a lo Camargo. Su vida aventurera, loca y dorada, se relató mil veces en las gacetillas y en los «Almanaques Reales». Tuvo mil amantes anónimos, muchos de ellos hombres cultivados, y la retrataron grandes artistas desde Pater a Van Loo, pasando por Lancret.

En España, mientras tanto, la obligación de las bailarinas de llevar calzones se convertía en un grave peligro para su integridad... económica. La dirección de numerosos teatros decidió imponer un escudo de multa a toda bailarina que dejara entrever sus calzones al bailar. Casanova, en el tomo VIII de sus *Memorias*, nos cuenta la divertida historia de una bailarina llamada Nina, quien, tras haber sido castigada hasta con dos escudos de multa el mismo día, se las ingenió para que no volviera a pasarle:

Apenas llegó a Barcelona, hace ya dos años, la contrataron como simple figuranta en los ballets, gracias a su buena figura, porque talento tenía más bien poco. Todo lo que sabía hacer era dar la *rebaltade*, especie de salto mediante el cual quedaba suspendida en el aire, en mitad de la pirueta. En su debut, fue largamente aplaudida, porque, al saltar, dejó ver sus calzones hasta la cintura.

Nina, que no sabía nada de la ley, al verse tan vitoreada, bailó aún con más vigor. Cuál no sería su sorpresa cuando, al terminar la representación, el inspector le anuncia que tiene ya dos escudos de multa por sus imprudentes vuelos. Nina juró, porfió y pataleó, pero no pudo evitar el peso de la ley. ¿Sabéis lo que hizo al día siguiente para eludir la ley y vengarse?

—Quizá danzó mal...

—Nada de eso. Bailó sin calzones e hizo su *rebaltade* con la misma pasión, lo cual provocó tal entusiasmo en el público del patio de butacas que aún no se ha recuperado de la alegría, en Barcelona...

El virrey de España, el conde de Ricla, que asistía al espectáculo, mandó llamar a la culpable a su palco a fin de reprenderla:

—¡Imprudente! Habéis faltado al público.

—¿Qué he hecho?

—El mismo salto que ayer.

—Es cierto, pero no he violado vuestra ley, puesto que nadie me puede decir que haya visto mis calzones. Pues, para estar segura de que no se vieran, no me los he puesto. ¿Qué más queréis que haga por vuestra maldita ley, que ya me ha costado dos escudos?

Y, según nuestro amable cronista Casanova, a raíz de esta entrevista, el virrey se enamoró perdidamente, y Nina se convirtió en la bailarina de moda e hizo una brillante carrera.

El tema de las bailarinas nos lleva a un irritante asunto en los teatros del siglo XVIII, el de los aéreos peinados. En la época de los últimos borbones, los peinados de las damas eran verdaderas florituras móviles. Los peluqueros privados acudían muy temprano a las casas y, a veces, ocupaban tres y cuatro horas en colocar los innumerables bucles hasta lograr el paisaje apetecido. Léonard, el peluquero más famoso de su época, confeccionaba verdaderas escenas bucólicas en las cabezas femeninas, que sufrían a veces dos y hasta tres noches de insomnio cuando, en vísperas de una recepción en la Corte, se metían en cama con toda una auténtica representación de los jardines de Versalles. Razonables voces de moralistas o filósofos, como D'Alambert o Rousseau, se alzaban contra los tormentos de peinados, corsés y miriñaques. Higienistas y médicos cargaban aún más las tintas sobre las desastrosas

consecuencias orgánicas de tales costumbres. En vano. La dama del rococó mantuvo hasta el final sus
arrogantes caderas y sus plumas. Sólo la guillotina
pudo sesgarlas...

La voz de los púlpitos: España

Sátira sobre los primeros debates feministas, gravado del Archivo Municipal de Madrid. (Del libro *Usos amorosos del dieciocho en España*, de Carmen Martín Gaite, Siglo XXI, Madrid, 1972.

LA DUEÑA DE LOS CALZONES.
¡Ay qué risa! qué jarana
En casa de Don Miguel!
Pues tener las bragas de él
Quiere hoy su esposa Juana.
¿Es Marido ó es Cimbel?

> De una guapa de aquellas que entraba
> en el templo y, con ella, el desenfado, la
> chulería, el meneo, la descompostura y el
> mal ejemplo.
>
> *Sueños morales, visiones y visitas con
> D. Francisco de Quevedo*, Diego de Torres
> Villarroel, Madrid, 1794.

No ha sido muy bien tratado, que digamos, el siglo XVIII español por la historiografía al uso. Siglo ocultado y oculto, en pleno apogeo de la Inquisición. Tampoco se han ocupado más de él las antologías literarias, presentándolo como un siglo papanatas, oscurantista y beatón. Šin embargo, el siglo XVIII presenció importantes luchas ideológicas y sociales. Y, ante todo, fue el siglo en que las ideas liberales lucharon más tenazmente por imponerse. Y comenzaron también fenómenos decisivos para el devenir de España, desde la entronización de la monarquía francesa de los Borbones, que aún hoy nos gobierna, hasta la cristalización de los sueños, tabúes y obsesiones hispánicos en un genio tan español y universal como Goya. Constatemos, en primer lugar, que el siglo XVIII en España no estuvo moda en Europa. Pocos viajeros nos visitaron. Poca ayuda nos presta, por tanto, la búsqueda de estas fuentes. Destaquemos, sin embargo, a Langle, Bourboing y Beckford, a quienes tendremos el honor de ceder la palabra en nuestro recorrido por el siglo. Y apresurémonos a agradecer la genial ocurrencia de Carmen

Martín Gaite, quizá una de las pocas investigadoras de la Universidad española que ha conseguido hacer una tesis que no sea de archivo. Su valioso estudio, *Usos amorosos del siglo XVIII en España*,[1] sugiere una visión distinta del malogrado siglo en que España logró, y perdió casi al mismo tiempo, un talante liberal que bien nos hubiera venido en posteriores y dramáticas circunstancias, que ustedes y yo bien conocemos.

Aceptado ya, de una vez por todas, en las hidalgas mentes españolas su papel secundario en el contexto europeo, vuelven su mirada, ya sin mancha de gloriosos imperialismos, a temas más cotidianos y domésticos. El siglo XVIII español, a tenor de sus relatores, es el siglo en que se echa la casa por la ventana buscando apetencias materiales y hedonistas que tanto habrían de chocar con la etérea y escurridiza espiritualidad hispánica. El XVIII será el siglo del ansia de lujo y de refinamiento. Un desenfrenado deseo de placer recorre nuestra geografía, harta ya de solemnes sobriedades. Y las campeonas de esta batalla serán, ¿cómo no?, las mujeres, las encorsetadas mujeres españolas. El lujo y la ostentación se consideraban atributos del pecado. Jean-François Bourboing, en su *Nouveau voyage en Espagne, ou tableau de l'état actuel de cette monarchie*, se sorprende de la extrema sobriedad de la corte española:

En lugar de ese abigarramiento de trajes y peinados europeos, se ven en el Prado mujeres uniformemente vestidas, cubiertas de velos negros, y hombres envueltos en oscuros abrigos, de manera que, a pesar de lo hermoso que es, el paseo del Prado parece el teatro de la gravedad castellana por excelencia.

1. Editada en Madrid, Ed., Siglo XXI en 1972, se agotó al poco tiempo la edición. Sorprendentemente la reedición, tardía, en 1981, ha sido realizada por la Ed. Lumen de Barcelona y así ha vuelto a hablarse de lo que constituye casi un libro de texto para los estudios de hispanistas.

116

Ya veremos más tarde el porqué de tan espesas negruras... Avanzado el siglo e instalada ya la dinastía francesa en el poder, la Corte sorprende a los buenos vecinos de Madrid, con fiestas burguesas y recepciones «a la moda de Versalles» que encandilan a las sufridas clases medias y las revientan de envidia:

> Con que yo he de ver a otras
> con encajes de una tercia,
> mientras yo voy amortajada
> con mi saya de franela?

grita airada una jovencita salida de la imaginación de González del Castillo, ansiosa de encajes, pasacintas y sedas, en *La cuna de los deseos*.

¡Claro que no! Cual mariposas de luz, las madrileñas se dejan atrapar por los atractivos fastos de la borbónica Corte. Los curas se remueven inquietos en sus confesionarios: las mujeres se acusan de «inclinarse al vicio» para poder acceder a los imperativos de la moda. El moralista A. de Guevara increpa así a los maridos tacaños en sus *Epístolas familiares*:

> El que no da a la mujer para la saya, ni manto, ni camisa, ni chapín, ni toca, ni zamarro, ni para vestir los hijos, ni para pagar las criadas y, por otra parte, la ve de todas estas cosas proveída, honrada y mejorada, cierto es que él tal ha de pensar que antes lo ganó ella trotando que no hilando...[2]

Parece que las mujeres «hilaron» más fino que nuestro dramaturgo y, no satisfechas con las prebendas económicas que les otorgaba el estamento matrimonial, se las ingeniaron para, no sólo conseguir nuevos paganos de sus desmanes, sino que este asunto se considerara «de buen gusto». A imitación

2. Años antes, Lope de Vega, en *La Dama Boba*, había lanzado ya su veredicto: «Pues de damas es hilar, labrar y coser / casadla y veréisla estar / ocupada y divertida / en el parir y criar.

de las Cortes italiana y francesa, se pone de moda en Madrid el curioso fenómeno social del «cortejo», llamadas así tanto la acción de cortejar a una dama, como la persona que lo realiza. Las damas orgullosas irrumpen en los salones al brazo de sus «cortejos», mientras el galante marido aplaude la decisión de su legítima, que le ahorra no pocos doblones y le abre las puertas a sugestivos adulterios... Cortejaban todos, petimetres, libertinos, abates pecaminosos, marqueses pisaverdes, solterones impenitentes... Gozaban de los tiernos requiebros del amor galante sin caer en el abismo «tragafortunas» del matrimonio... Las mujeres llegaban incluso a pactar un estipendio mensual por su derecho a ser cortejadas, aunque, en el caso de las ricas y exquisitas, preferían dejarse «galantear» alegremente con valiosos regalos de joyas, vestidos y hasta exquisitas prendas íntimas...

Ampliado el fenómeno a las capas medias, eternas imitadoras de cuanto «viene» de las clases altas, se produce tal algarada de dinero, lujo y exhibición que las puritanas mentes españolas se sienten llamadas a intervenir en el asunto desde sus púlpitos, cátedras y columnas periodísticas. Tanto es así que las nacientes sociedades liberales, recién «bautizaditas», como la Sociedad Vascongada de Amigos del País, tendrá que defender, en 1777, el hecho de que «las gentes ricas y acomodadas, gastando sus caudales en consumir géneros costosos para su lucimiento, comodidad y regalo, fomentan las artes y contribuyen al mantenimiento y honesta ocupación de los que en ellas se emplean». Y es que desde que el conocido marqués de Valdeflores, amparándose en el anonimato, había escrito aquello de que:

> La mujer que no tiene
> quien la corteje
> siempre tiene la cara
> como un hereje,

criaditas y modistillas, actrices y peluqueras, y hasta solemnes damas, se afanan a la caza y captura de un lindo «cortejo» con el que presentarse dignamente en sociedad.

María Ladvenant, primera dama del teatro y especie de Camargo a la española, pero sin saltos, fue una de las damas más cortejadas de la época. Protegida de la culta condesa-marquesa de Benavente, trata a escritores como Moratín, Clavijo y Fajardo, o a nobles como el libertino y pre-romántico personaje, marqués de Mora, y al conde de Fuentes, entre otros. El mismo día de su prematura e inesperada muerte, a los veinticinco años de edad, en 1767, el conde de Aranda, suegro de su «cortejo», el marqués de Mora, decidía la expulsión inmediata de los jesuitas de España. Nadie se inmutó por tal suceso. En cambio, todo Madrid se lanzó a la calle a llorar a su admirada dama, amada y ensalzada hasta el delirio, que además, noble hija de su tiempo, *dejaba en los armarios más de noventa vestidos de lujo...*

La aceleración de las modas corría pareja con los suntuarios gastos de las damas. «El Censor», publicación que aparece en 1781 y cuyo director, Luis Cañuelo, sufrió más de un juicio inquisitorial, dedicaba dos secciones semanales al voluble mundo de la moda. El padre Feijoo, el moralista más escuchado del siglo, se rasgaba las vestiduras: «Antes, el gusto mandaba en la moda; ahora, la moda manda en el gusto». Y, después de contar el chiste de un loco, que se paseaba desnudo por las calles, con una magnífica pieza de paño en las manos, «esperando a ver en qué quedaba eso de las modas para no malograr su paño», arremete duramente contra los diabólicos franceses que «ciegan nuestro buen juicio con su extravagancia, nos sacan con sus invenciones infinito dinero, triunfan como dueños sobre nuestra deferencia, haciéndonos vasallos de su capricho y, en fin, se ríen de todos nosotros como de monos ridículos que, queriendo imitarlos, no acertamos nunca». Y es que todo aquello que viniera de París, era «pan bendito» para las «villanas» madrileñas. M.ª Rosa Gálvez de Cabrera escribe una comedia, a finales de siglo, *Un loco hace ciento*, que refleja el prestigio de todo lo francés en la Corte española. Inés, una joven pretendida por un noble al que no ama, le expresa su «repugnancia» a contraer matrimonio con él, a lo que el noble responde:

—¿Y qué importa la repugnancia para una bagatela como el casarse?... A bien que después de casados nos hemos de ver muy poco... Ud. será dueña de su voluntad y yo de la mía. Con tal de que Ud. se vista según mis instrucciones, se porte según la ciencia que yo he adquirido en mis viajes y tenga la bondad de aprender el idioma francés para que yo no tenga el desagrado de oír hablar en mi misma casa el español, seremos los mejores amigos del mundo.

Entre las «instrucciones vestimentarias» del libertino noble al parecer entraba el uso de «cotillas», las machacadas cotillas del padre Feijoo en uno de sus más sonoros sermones:

En cuanto a que las modas francesas tengan alguna particular nobleza y hermosura, habrá que verlo. Las cotillas vinieron de Francia y en una porción la más desabrida de las montañas de León, que llaman la Tierra de los Argüellos, las usan desde tiempo inmemorial, esas serranas que parecen más fieras que mujeres... Cada uno hará el juicio conforme a su genio. Lo que yo puedo decir es que casi todas las modas nuevas me dan en rostro, exceptuando aquellas que, o cercenan gasto o perturban la decencia.

Las «cotillas» eran una especie de corpiños ceñidos sin mangas y que llegaban hasta la cintura.

Las españolas del siglo XVIII, a juzgar por los testimonios eran bastante «extremistas». Tenían a gala el ocuparse particularmente del cuidado de cabeza y pies, aspectos en los que no regateaban gastos.

120

Los peinados eran todo un lenguaje del estado de ánimo de la señora. Los había a «lo adorable», a «la celosa», a «la impaciente»... Las damas contaban con peluqueros privados que acudían a las casas con el alba a fin de prepararlas. Frecuentemente, la lección de tocador era presenciada por el «cortejo» que, según su influencia, se permitía opinar sobre el aderezo de los bucles.

La historia del descubrimiento del pie femenino es más apasionante. La condesa de Aulnoy ya había reflejado los exquisitos y delicados pies españoles. Es un misterio que lograra verlos. Quizá se lo permitiera su naturaleza femenina... Porque, hasta el siglo XVIII, las damas españolas, orgullosas como nadie de sus finos piececitos, tenían absolutamente vedado el enseñarlos a quien quiera que fuese del sexo opuesto. Blécourt, enviado francés con el primer borbón, Felipe V, escribía así a su ministro francés Torcy, en junio de 1702: «Y he llegado a conocer a españoles que prefieren ver muerta a su mujer antes que descubra el pie con su tocado». Realmente, toda la aparatosa vestimenta del siglo impedía la menor visión de pies y calzado. Las largas faldas, ahuecadas por el miriñaque, que llegaban a barrer el suelo, se acompañaban con el uso del «tontillo», o tejido que cubría piernas y pies, de uso obligatorio al sentarse la dama sobre el cojín, según estipulaba la moda de la Corte. Ya María Luisa de Saboya, esposa italiana del rey, había armado lo suyo al negarse públicamente a usar el «tontillo». Rebeldía apoyada, por otra parte, por la influyente princesa de los Ursinos. Cómo extrañarnos, pues, de los alborozados cantos de escritores y poetas cuando conseguían, ¡por fin!, vislumbrar el pie de sus adoradas... Torres Villarroel no se lo debía acabar de creer cuando, en sus *Sueños morales*, escribe:

...arrullaba toda la hermosa máquina de su cuerpo sobre dos chinelas de terciopelo azul, que eran el ártico y el antártico en donde se revolcaban los ojos más tardos y se mecían los deseos más rebeldes...

«El ártico y el antártico», «vuestros dos amorosos mapamundis», «los globos inferiores de la mujer», en pleno siglo de conquista de tierras inexploradas y exóticas, la literatura galante se recrea en las metáforas geográficas. ¿Estaría descubriéndose a la mujer...?

La maravillosa Teresa Cayetana, duquesa de Alba, mimada de pintores y toreros, favorita de escritores y bandoleros, retratada por Goya de frente y de perfil, velada y desvelada, estrenaba diariamente un par de zapatos. Ninguna noble gozaba de la popularidad de Cayetana, quien, huérfana muy pronto de padre, se libró de la férrea educación paterna a que se veían sometidas las españolas. Su madre, la culta e ilustrada Mariana de Silva, duquesa de Huéscar, educó a su hija sin los enredos de antaño. Langle, en su *Voyage en Espagne*, pudo escribir:

La duquesa de Alba, no tiene ni un solo cabello que no inspire deseo. Nada hay más hermoso en el mundo. Ni hecha de encargo podría haber resultado mejor. Cuando pasa por la calle, todos se asoman a la ventana, y hasta los niños dejan de jugar para mirarla.

Sin los remilgos de las cortejadas nobles, ni el «aire de taco» de las castizas majas, Cayetana de Alba, sería el símbolo más logrado del partido que una mujer inteligente podía sacar a las libertades de su tiempo. Goya, el inmenso Goya, el humano Goya, no se cansó de tratarla y discutir con ella la carnal realidad de su serie *Los caprichos*, que, como un calco, reflejan la auténtica lucha de clases que se fragua en España a finales de siglo y que se expresa con tremenda plasticidad en los vestidos de unos y de otros. Petimetres y majos, cortesanas y chulapas castizas se enfrentan sin piedad, sobre todo cuando un lechuguino pretende a una maja y se «interna» en sus acotados dominios de Atocha, Lavapies, Embajadores, el Rastro...

Se declara tal guerra a la nobleza que el inglés Beckford, en su viaje a España, relata sorprendido que ésta ha adquirido «un aire de taco», unos modales castizos y un simulado catetismo que la denuncia irremisiblemente. Los majos, los castizos, «sultanes de feroz y orgullosa mirada», al decir de Bourboing, envalentonados por las arengas antifrancesas de encendidos moralistas, serán los verdaderos héroes del 2 de mayo (y del consiguiente cuadro de Goya), en su lucha contra *el francés* y lo afrancesado. El mismo Beckford señala que el libertinaje de la Corte de Godoy, amante de su majestad la reina M.ª Luisa de Parma, alcanzaba grados de una perversidad realmente cómica.

En la época en que, en Londres, Lady Hamilton recibía en su casa a ilustres lores y ladys como amante del Almirante Nelson, una noble española, María Ignacia Idiáquez era internada (como primera medida) en un convento por pactar amistosamente con su marido el conde de Teba una separación por mutuo acuerdo. La Inquisición, en este caso, no hizo sino atender la ignorante voz de la plebe, e ilustrados inteligentes como el conde de Cabarrús no pudieron evitar tan doloroso castigo. Claro que su hija, Teresa Cabarrús, por si acaso se largaba a vivir su vida a Francia, como tendremos ocasión de ver.

Encorsetadas y bien encorsetadas están nuestras damas. Con corsés físicos y mentales. Pero, mientras unas, realistas ellas, increpan así a la servidumbre que ciñe el corsé:

> Apretad, apretad, señores,
> mi talle más resistencia aún tiene
> que su martirio y dolores
> sufro con grande paciencia,

otras se vanaglorian porque, gracias a esta tortura

> ...a muchos bobalicones
> ponemos electrizados
> y vacíamos de doblones.[3]

3. Grabado del Museo Municipal de Madrid, siglo XVIII.

Los «bobalicones» eran aquellos currutacos y libertinos, llamados asimismo con el galicismo «espíritu fuerte» (*esprit fort*), amantes de irreverencias, provocadores blasfemos, pobres hombres seducidos por la infamante desenvoltura de un marqués de Šade, personajes imposibles de cuajar en la árida España y odiados por la plebe. De cualquier forma, *ils s'en foutent*, porque «se burlan poniéndose un vestido de buen gusto y aderezando una comida con toda la delicadeza imaginable...». ¡Pobres ilustrados españoles, en tierra de púlpitos y sequías, negruras y velos!

Esbocemos finalmente un retrato de la mujer española del siglo XVIII de la mano del escritor Juan de Zabaleta en su *El día de fiesta por la mañana y por la tarde*. Retrato que casi hay que leer con diccionario por lo prolijo de su vocabulario:

Amanece el día de fiesta para la dama, se levanta del lecho y entra en el tocador en enaguas y justillo. Se sienta en una almohada pequeña, engólfase en el peinador, pone a su lado derecho la arquilla de los medicamentos de la hermosura y saca mil aderezos. Mientras se traspinta por delante, la está blanqueando por detrás la criada. En teniendo el rostro aderezado, parte al aliño de la cabeza. Péinase no sin trabajo, porque halla el cabello apretado en trenzas. Recoge parte de él, y parte deja libre, como al uso se le antoja, que es llevarlo crecido. Pónese luego lazadas de cintas de colores hasta parecer que tiene la cabeza florecida. Esto hecho, se pone el guardainfante o verdugado. Este es el desatino más torpe en que el ansia de parecer bien ha caído. Echase sobre el verdugado una pollera, con unos ríos de oro por guarniciones. Coloca sobre la pollera una basquiña, con tanto ruedo que, colgada, podría servir de pabellón. Ahuécala mucho para que haga más pompa. Entra luego por detrás en un jubón emballenado, que queda como un peto fuerte... y las mangas abiertas en forma de barco, en una camisa que se trasluce.

Llega la valona cariñana (llamada así por ser tomada de la princesa de Carignan que estuvo en Madrid), que es como una especie de muceta con miles de labores. Esta se prende todo alrededor del corpiño y próxima a los hombros y al escote. Por la garganta y sobre la valona corre un chorro de oro y perlas. Colócase como sobretodo un manto de humo, llamado así por lo sutil, quedando el traje trasparentándose en el manto. Los guantes de vueltas labradas, la estufilla de marta en invierno y el abanico en verano, son los indumentos que completan este traje de la dama para salir a la calle en día de fiesta, e incluso los días de ordinario.» [4]

Y toquemos, para terminar, el porqué de las negruras del Paseo del Prado que tanto sorprendieron a Bourboing. Un día de viernes santo, en marzo de 1799, un grupo de damas pasea por el Prado madrileño luciendo vistosas basquiñas. De pronto, y sin que nadie lo espere, una multitud embravecida baja de la cercana Atocha y propina tal somanta de palos a las coloristas damas que bien hubieran muerto de no ser por la espontánea protección que les ofrecen otros viandantes asombrados del brutal espectáculo. Días después, la Corte de su majestad Carlos IV, promueve una Real Orden por la que se prohibe terminantemente usar basquiñas que no sean de color negro. Era, ni más ni menos, que la versión en España de las *fessées patriotiques*, en pleno auge por entonces, en la vecina y ensangrentada Francia revolucionaria...

4. Y ¿por qué no consultar el intuitivo diccionario de la recientemente fallecida María Moliner? Es lo que yo he hecho y me ha solucionado no pocos enigmas de vocabulario. Así me entero de que la «muceta» es la prenda que cubre los hombros y la parte superior del pecho y espalda, y que forma parte del traje de los magistrados, prelados y doctores, entre otros. Que la «estufilla» es el manguito para abrigarse las manos. Y que la «basquiña» es... pero bueno ¿por qué privarles del placer de consultar ustedes mismos el estupendo *Diccionario de uso del Español*?

«Incroyables» y «merveilleuses»

La promenade du matin. Grabado del siglo XIX. Túnicas de gasa muselina y ropa interior transparente: así se muestran las *merveilleuses* de la Revolución.

De cada 100 chicas que llevan corsé:
25 sufren de enfermedades del pecho,
15 mueren tras el primer alumbramiento,
15 se enferman tras el parto,
15 adquieren deformidades,
30 solamente resisten, aunque, antes o
después, se ven atacadas por males más
o menos graves.

«Higiène vestimentaire», citado por Philippe Perrot en *Les dessus et les dessous de la bourgeoisie*, Fayard, 1981.

1789 es una fecha importante. El mismo año en que EEUU alcanza su independencia, en forma de república federal, y nombra a su primer presidente constitucional G. Washington, Francia se ve envuelta en una larga y compleja revolución social.

El 26 de agosto de 1789 la Asamblea Constituyente proclama solemnemente la Primera Declaración de los Derechos del Hombre, a saber: Libertad, Seguridad, Propiedad, Resistencia a la opresión... Es la Carta Magna de la burguesía, que prepara las revoluciones liberales que recorrerán Europa (España incluida) durante todo el siglo XIX. Mayo de 1793 verá correr a los *sans-culottes* por calles y *carrefours*. Los *sans-culottes*, artesanos, obreros, maestros y aprendices, se llaman así por haber abolido el uso de las calzas y presentarse adecentados con ceñidos pantalones largos, al uso del cual quieren obligar a los demás ciudadanos. Estos mismos *sans-*

culottes se erigen en «héroes callejeros» a la hora de propinar solemnes *fessées patriotiques* a cuantas doncellas con aire aristocrático pillan en sus correrías. Por eso, no es de extrañar que las primeras en adoptar su «consejo» fueran las vapuleadas damas, quienes se pusieron a buscar pantalones protectores, y la que no los encontraba se las ingeniaba para alargar su camisa mediante paños espesos *antifessées* que ataba a las piernas con sendas ligas. Sí, los pantalones se revelarían como una prenda sorprendentemente útil en los primeros años de la Revolución... Taine, en *Les origines de la France contemporaine*, retrata la siguiente «jornada patriótica»:

Lyon, 1791. En Lyon, el día de Pascua, a la salida de misa de seis, una multitud armada de látigos se precipita sobre las mujeres. Desvestidas, cuerpo a tierra, no paran hasta sangrarlas y dejarlas medio muertas. Una joven murió en el acto. Este tipo de atentado se multiplicó de tal manera que, en París mismo, las mujeres que van a misa no salen más que con su camisa cosida a modo de calzón.

El pánico de las damas dio lugar a una floreciente industria: «los calzones o pololos protectores». Hasta el punto de que el flamante Comité de la Salud Pública, de Saint-Just, Carnot, Robespierre y otros, recién instalado en el poder en 1793, se vio obligado a ocuparse del tema: «Por una parte, no se obligará a las ciudadanas a usar calzones. Y, por otra, el vestido abierto y vaporoso no es contrario a las costumbres de la República».

Restif de la Bretonne ha dejado una magnífica descripción de los tumultuosos días revolucionarios. En *Les nuits de Paris*, hay un capítulo fechado en 1793, que relata cómo una chica avispada logra librarse de humillantes palizas en el trasero. Se trata de la bonita Césarette, a quien su madre, intimidada por las amenazas de violación de una pandilla del barrio, obliga a disfrazarse de chico cada vez

132

que sale a la calle. Pero ella odiaba este disfraz y, en cuanto llegaba a casa, «se ponía rápidamente la falda y las medias de color». Un día, caída ya la noche, tiene que volver a salir y, con las prisas, se olvida del disfraz de chico. Sin embargo, conserva los calzones bajo la falda. Nada más salir, es avistada por los gamberros, quienes señalan: «"Anda, ¿no es aquélla Césarette?" "Sí, es bonita", dice el otro. Y, diciéndose esto, la paran. Césarette, sintiéndose reconocida, temió por su suerte. No se le ocurrió otra cosa que echarse a reír y despatarrarse, mostrando sus calzones hasta el ombligo. El más grosero de ellos grita: "Maldición, esto no es plato de gusto. Vale para un jesuita..." "O para el duque de Elbeuf", dice el otro. "¡No es más que *Ancien Régime!*"...». Y la dejaron irse. Al volver, Césarette estaba pálida. «¿Qué te ha pasado, nena?». «Oh, mamá. De buena me he escapado. *Sans ma culotte... j'étais frite...*» (*sic*). Y cuenta a su asustada madre todo lo que le ha pasado y cómo se ha salvado gracias a llevar puestos sus espesos calzones...

El Directorio (1795-99) trajo la paz a los sufridos traseros femeninos. Y cierta elegancia de costumbres y de gestos volvió a reinar por las calles. Tiempos difíciles, de ocultamiento de fortunas, que ven nacer una moda extraordinariamente ingeniosa, la de los *incroyables* o *impossibles* y sus correspondientes *merveilleuses*. Los *dandies* de la época.

Los *incroyables*, de enormes casacas, coloristas medias, vistosos y amplios pañuelos que cubren cuello y mentón, y extravagantes sombreros de los que asoman largas melenas cortadas en mechones, se presentan en sociedad, acompañados de sus inimitables *merveilleuses*, no menos estrambóticas y audaces. Etéreas, delgadas, vistiendo largas y transparentes túnicas griegas abiertas en los costados, las *merveilleuses* son un exótico fruto de unos años de tremenda represión popular.

La reina de la moda en París, Mme. Tallien, nacida Teresa Cabarrús, madrileña, hija del conde de

Cabarrús, conocida bajo el nombre de Notre Dame del Thermidor, amante de Barras, miembro del Directorio y secretario del Consejo Municipal de París, era el centro principal de atención allá donde se dignara aparecer. Poseía todas aquellas cualidades intelectuales y físicas que permiten a una dama, *literalmente*, no tener nada que ocultar... Solía presentarse, tanto en recepciones como en Asambleas, vestida con una sencilla túnica de seda transparente. A lo griega. En otoño de 1795, apareció en un baile de la Opera de París con una túnica de seda blanca y sin ninguna otra prenda íntima. Šortijas en los dedos y sandalias en los pies. Mme. Talleyrand la juzgó así: «Es imposible exponerse más suntuosamente». El compositor Johann Friedrich Reichardt, a quien Goethe admiraba profundamente y que había sido director musical de Federico el Grande en Berlín, gozó, como Barras y tantos otros, de la generosa hospitalidad de la bella Teresa, tras su divorcio con Mr. Tallien. Este es su recuerdo:

Mme. Cabarrús había recogido sus magníficos cabellos negros en trenzas alrededor de la cabeza, sobre la frente y bajo la nuca. Hileras de exóticas perlas se entremezclaban con sus brillantes cabellos. Estaba enteramente vestida de satén blanco y ornada de magníficos encajes...

Mme. Cabarrús, la española Teresa, expresó mejor que nadie el extraordinario fenómeno de las *merveilleueses*, que bien merecería un estudio aparte. O sea, el de las damas que, dominando elegantemente las tensiones del difícil momento político, se presentaban en sociedad con vestidos y modos que constituían una auténtica parodia y una inteligente caricatura de sus propios (y odiados por la plebe) personajes. Vestidas de Diana, con sortijas en los dedos de los pies y pulseras de oro en el lugar de las ligas, paseaban su mirada altanera y desafiante por los 1.800 bailes, que, al calor de los nuevos ricos, se acababan de abrir en París. J. S. Mercier, en su *Nouveau tableau de Paris*, las ve así:

Las danzantes han imitado la vestimenta de Aspasia, los brazos desnudos, el pecho descubierto... Hace tiempo ya que se han desprendido de la camisa, pues no sirve más que para ocultar los contornos naturales; por otra parte, es una prenda incómoda, y el corsé de seda color carne, no sólo deja adivinar, sino que desvela todos los encantos secretos.

En efecto, las túnicas griegas, adoptadas por las *merveilleuses*, se acompañaban de una especie de corsé transparente llamado *zona* (por mantener el léxico griego) que sostenía simplemente la base del pecho. Los tejidos favoritos eran la muselina y la seda, los que más se prestaban a estas transparencias. Pero el frío de París no perdona. En el invierno de 1803, una grave epidemia de gripe fue bautizada con el nombre de «gripe muselina» y estuvo a punto de acabar con la mitad de las «enmuselinadas». Las damas vuelven entonces sus ojos hacia Inglaterra y, a imitación de las inglesas, recubren la túnica con cálidos tejidos de lana.

En noviembre de 1799, se produce un nuevo golpe de Estado. Es el 18 Brumario del año VIII. Napoleón se proclama Presidente de la República. Cinco años más tarde, se proclamará Emperador. Con el I Imperio (1804-14), volverán los lujos, los fastos, los amores galantes y las sedas a la Corte francesa. Pero, aunque la mona se vista de seda, mona se queda, sentencia el aristócrata de viejo cuño, Grimod de la Reynière, quien, en su *Manual de anfitriones*,[1] se propone educar a los nuevos ricos (por quienes siente un soberano desprecio) en los usos y costumbres de la mesa, cuyos modales «desconocen esas nuevas damas que no saben cómo homenajear a sus invitados». El *Manual*, verdadero canto nostálgico de educaciones pretéritas, es un ameno documento del difícil momento de transición de una Francia trastornada por su drama interno, a una Francia que, a partir de la segunda década del siglo,

1. Publicado en el número 3 de esta misma colección.

renacerá en su papel de «conformadora del buen gusto».

Mientras tanto, Josefina, la dichosa emperatriz, apabulla a las inexpertas cortesanas de nueva planta con el inventario de su vestuario: «500 camisas, 148 pares de medias de seda blancas, 32 pares de seda rosa y 18 pares color carne y 2 pantalones de seda color carne, para montar a caballo». Y es que Napoleón resultó ser un ardiente defensor de las exhibiciones vestimentarias en sus fastuosas recepciones. En ellas, se prohibía a una mujer «que luciera el mismo traje en dos *soirées* distintas». La duquesa de Abrantes, en sus *Mémoires*, ha dejado un elocuente retrato del esplendor de la corte napoleónica:

Las fiestas, organizadas por el gobierno, dieron ocasión a bailes, banquetes y recepciones de todo tipo, no sólo en París, sino en toda Francia. Cada día podían recibirse hasta diez invitaciones distintas para la cena. Mme. Bonaparte, que poseía en alto grado el arte de vestirse bien, era un vivo ejemplo de la más exquisita elegancia. Nada ofrecía un espectáculo más bello que un baile en La Malmaison, donde se veían a muchas bellas jovencitas presentadas en sociedad por la Casa Militar del Primer Cónsul. Formaban, de hecho, sin necesidad de título, la Corte de Mme. Bonaparte.

Todas eran jóvenes, muchas eran bonitas y sólo conozco a una a la que podríamos llamar fea. Cuando se las veía a todas, en sus vestidos de *crêpe* blanco, adornados con flores, la cabeza coronada de guirnaldas, tan radiantes como jóvenes, encantadoras, bellas y felices, la alegre danza de las salas de baile ofrecía un magnífico espectáculo. Un toque picante se añadía por la presencia del Primer Cónsul y de sus hombres, quienes, aun dominando el destino de Europa, se dejaban ver aquí y allá entre las bailarinas. Los vestidos se cambiaban a diario, y aún no había concluido el primer año de Consulado,[2] cuando ya la prosperidad había ganado las ciudades industriales de Francia que florecían así para rendir honores a la capital.

2. O sea en 1804.

Pero volvamos al *trousseau* de la emperatriz y a sus escasos pantalones. Sigámosle la pista a la historia del pantalón. Originario de la cercana Inglaterra, el pantalón íntimo femenino se había impuesto entre las niñas por razones de comodidad e higiene. Ya desde Rousseau y su *Emilio*, la infancia había adquirido categoría propia, y educadores, padres y moralistas entendían que el niño tenía que tener sus costumbres, juegos y vestidos específicos. Así, niños y niñas vestían por igual a principios de siglo: amplios vestidos, que cubren espesos ropajes. Las piernas se cubren con los pantalones para permitir todo tipo de juegos y saltos sin discriminación de sexo. Esta razón de decencia va a ser la favorita a la hora de ser esgrimida por los defensores del pantalón. El abate Lamesangère (como pueden ver, los curas se pirran por dejar oír su voz en estos temas), convertido en periodista de modas, escribe en 1821 y en el popular «Journal des Dames» lo siguiente: «Las mujeres, que por razones particulares deben ocultar sus piernas, tienen siempre el recurso del pantalón, que se debe acompañar de una blusa corta». Este «recurso», sin embargo, desagradaba a la mayoría de las mujeres, quienes, orgullosas de unas piernas que no habían podido mostrar históricamente hasta entonces (¡las francesas!), se negaban a esconderlas bajo los ceñidos pantalones. Las ricas, además, contaban con otras poderosas razones. M. Dubost, conocido fabricante de la época, vendía las medias de seda a 180 francos. ¡Cómo ocultar 180 francos! Las medias, pues, constituían por aquel entonces un auténtico lujo. El tema del pantalón provocaba polémicas nacionales. Todo el mundo se creía con derecho a emitir su opinión. Víctores famosos, por distintos motivos, como Víctor Hugo y el Rey Víctor Manuel encandilaban a la opinión pública con sus encendidos denuestos contra el pantalón femenino. Mientras Víctor Hugo acompañaba a sus visitas a la puerta y les agradecía el agradable rato pasado, no podía evitar el pedirles:

«Volved cuando queráis. Pero sin pantalón. Por favor os lo ruego, sin pantalón...». Y el rey Víctor Manuel, de paso por las Tullerías, cometía la masculina torpeza de poner en evidencia a la exquisita Mme. de Malaret, preguntándole en plena recepción pública: «¿Qué piensa Ud., de esas horribles señoras que llevan pantalones?». Sin saber que la elegante señora *los llevaba*... Ella, sorprendida, le señala su «desatino», y he aquí que «el rey se volvió de espaldas y no volvió a dirigirle la palabra en toda la noche». Al parecer, tan honorables señores no soportaban una ropa interior *cerrada* y sentían nostalgia de accesibles aperturas...

A partir de 1830, la batalla contra el pantalón será asumida sonoramente por el clero. Tres poderosas razones movilizan a los clérigos: la mujer en pantalón accede a peligrosas *libertades* de movimiento; el pantalón no deja de ser una *moda extranjera*, adoptada por la Corte napoleónica; y, principal motivo, *socialistas* utópicos, como Cabet en su *Viaje a Icaria*, o el marqués de Šaint-Šimon, ven en el pantalón femenino un símbolo inequívoco de la añorada emancipación por la que luchan los feministas. Así, mientras las inglesas usaban ya bajo la falda honestos pantalones (con la complacencia de Stuart Mill), adornados de encajes y puntillas «a la francesa», las pocas francesas que se atrevían abiertamente a desafiar la opinión pública —bailarinas, cortesanas y jovencitas— enseñan orgullosas sus pantalones «a la inglesa», que la moda de faldas cortas de los años veinte permitirá lucir en todo su esplendor.

El Imperio cae como fruta madura y vuelve la Restauración borbónica en la persona de su graciosa majestad Luis XVIII. Estamos en 1814. Hasta 1848 le sucederán Carlos X y Luis Felipe I, duque de Orleans, que consolida definitivamente el triunfo de la monarquía burguesa. Con la Restauración, vuelven a bajar las faldas y vuelve toda la máquina corsetaria a torturar el vulnerable cuerpo femenino. Corsés y

138

crinolines[3] rivalizan en su poder aplanador. Nadie daba un franco por los olvidados miriñaques cuando volvieron en plena época romántica. Definitivamente, la Historia no para de dar vueltas... Los corsés del segundo cuarto de siglo superan todo lo conocido hasta entonces. De nada valen preceptos higiénicos, o las arengas de una nueva clase social e ideológica a la espera: los demócratas. No serán escuchados. La moda de la *crilonine*, con sus férreas armaduras de hierro que despegan prodigiosamente las faldas del cuerpo femenino, vuelve a caer en los mismos vicios que sus antepasados, verdugados y *paniers*, que se acompañan indefectiblemente del corsé. Las acciones en Bolsa de los astilleros holandeses seguían viento en popa... Tales envergaduras de cadera no piden sino un talle de avispa. Los corsés afinan el busto hasta la pérdida de la respiración y, no contentos con favorecer tuberculosis, siguen su estricto camino más allá de la cintura, ganando territorios que hasta ahora habían permanecido siempre libres: vientre y muslos. Se insinúa así una prenda que hará furor en el siglo xx: la faja, del latín *fascis*, que significa ceñir y que dará origen también a la palabra «fascista»... La *merveilleuse*, prodigiosa criatura que simbolizará la alianza entre la nobleza moderna y la burguesía ilustrada, era etérea, delgada, moldeada por transparentes túnicas. La mujer de la Restauración es su polo opuesto: ancha, espesa, rellena de formas y armaduras de hierro.

Los escritores franceses que analizan el siglo no dudan en lanzar el siguiente axioma: «Muebles y mujeres evolucionan juntos». En efecto, las Tuillerías, Versalles y demás residencias palaciegas vuelven a las abultadas y cimbreantes formas del rococó Luis XV. E igual lo harán las mujeres que, ceñidas en el busto por poderosos corsés y ahuecadas en la base, imitan la ampulosa sillería. Carlos X, ante este

---

3. Nuevo nombre dado al *panier*. Aunque se diferencian en que la *crinoline* es más larga que el *panier* del xviii.

espectáculo, comenta consternado: «Antes daba gusto encontrarse en Francia con verdaderas Dianas, Venus y Nióbes. Hoy día, sólo se encuentran avispas». Para más inri, el famoso modisto y corsetero Leroy ingenió una singular moda que exigía un pecho amplio. Consecuencia inmediata: el número de ballenas se multiplicó hasta la exasperación, para lograr el cruel dispositivo separador. Las acciones de la compañía holandesa seguían en alza... Sin embargo, la *crinoline* y los problemas, que para la vida cotidiana planteaba, van a hacer resurgir el polémico tema del pantalón. Expuesto una vez más el cuerpo femenino a imprevistos golpes de viento, o a indiscretas miradas subiendo escaleras, las damas vuelven a considerar el uso de los decentes pantalones que evitan tales sonrojos, aunque no todas las que usan *crinoline* se deciden a usar pantalones. Entre otras cosas, porque, *al no verse,* las más tacañas deciden no usarlo.

Mientras tanto, en Gran Bretaña, el pantalón femenino se impone plenamente gracias, entre otras cosas, a las conocidas aficiones deportivas de las inglesas. Grandes damas como la duquesa de Beckford, o Lady Charlotte Lindsey, los exhiben en sus correrías a caballo, en sus jornadas de caza, o en los incipientes torneos de tenis y cricket.

América, la joven y desconocida América, que cantara Walt Whitman, está también por la libertad de movimientos que ofrece a la mujer el pantalón. Allí, en 1851, la conocida sufragista Amelia Bloomers impone el uso del pantalón, llamado en su honor *bloomers.*[4]

Pero las francesas, entre dos fuegos, no se deciden a usarlos abiertamente. En 1866, el popular Baile Šolferino, sorprendía a su clientela con la inserción de un inmenso cartel en un lateral de la sala de bai-

4. En Cuba, México y países latinoamericanos en general, se sigue utilizando hoy día este término. También en Europa para designar las bermudas. Lo curioso es que la palabra inglesa ya da idea de movimiento.

le: «Se ruega a las damas que no lleven pantalón, no levanten las piernas más allá de la cintura». Muchas francesas ignoraron el uso del pantalón. Obreras, empleadas, modistillas y aprendices jamás se lo pusieron. Siguieron fieles a su camisa y corpiño de suaves linos. Entendamos, además, que el pantalón era una prenda cara. Confeccionado con finos algodones, se adornaba con costosos encajes y pasamanerías. La burguesía triunfante se lo procura, además, de seda o satén, tejidos caros para la época. Las campesinas los ignoraron olímpicamente, aun cuando hubieran sido muy útiles para su trabajo. ¿Se imaginan qué distinto sería el cuadro si, en *El Angelus* de Millet, la arrobada campesina hubiera llevado un pantalón?... La verdad es que, hasta bien entrado el siglo xx y casi hasta nuestros días, las campesinas han ignorado su uso.

Los mismos analistas, que, como Jacques Laurent o Romi, ven juntas la evolución de las formas femeninas y mobiliarias, dan por hecho el segundo axioma de la edad moderna: «Todo lo que llevan los niños terminan por llevarlo los mayores». Las madres de mediados de siglo envidian la comodidad de sus hijas y comienzan a encargarse pantalones. Los padres imitan la sencillez de sus hijos y relegan, pero ya para siempre, chorreras, casacas, pelucas y medias de seda, acercándose, a pasos acelerados, al traje con pantalón cerrado que, con modificaciones aún más sobrias, subsiste en la actualidad. En 1856, Gustave Flaubert, al escribir su universal *Madame Bovary*, pudo imaginar la siguiente escena íntima:

La fiel Felicitas está planchando la ropa de su adorada Emma. El joven Justin, apoyado sobre la inmensa tabla de planchar observa con atención todas aquellas prendas femeninas: corpiños, justillos, gorgueras, toquillas... y aquellos delicados pantalones, ornados con finas pasamanerías, anchos por arriba y estrechos por abajo.

El Can-Can, el diabólico baile a los ojos de Heine y otros moralistas, invade el tablado lleno de punti-

llas, enaguas superpuestas y encajes. A partir de
1842, el Can-Can irá afianzándose progresivamente,
influyendo de manera decisiva en las nuevas atencio-
nes a la intimidad femenina.

Mais ca, c'est toute une autre histoire, y merece
«todo un otro capítulo»...

Del Can-Can al «Art Nouveau»

Ilustración de Ferdinand von Reznicek realizada en 1887
para el *Jugend,* de las nuevas bailarinas del Can-Can.

«(...) una mujer en corsé es una menti-
ra, una ficción, pero, para nosotros, esta
ficción es mejor que la realidad.»

*Manuel de l'homme et de la femme com-
me-il-faut*, Eugène Chapus, París, 1862.

En la primavera de 1848, llueve sangre por las calles europeas. Berlín, Viena, París estallan de efervescencia revolucionaria y se llenan de barricadas. Se están gestando ya las nacionalidades alemana e italiana. Los «camisas rojas» de Garibaldi y sus leales piamonteses luchan denodadamente contra los austríacos. En 1871, Italia se constituirá definitivamente como Nación, y Roma, la eterna Roma, será su capital.

En Berlín, la gravedad de los enfrentamientos obliga a Federico Guillermo IV a pactar un gobierno liberal. Años después, también en 1871, el canciller Bismarck, aprovechando el alza de moral de los alemanes tras su triunfo sobre los franceses de la Comuna (Marx mediante, sí, también él contra los heroicos comuneros), se apresura a constituir el I Reich con su correspondiente emperador: Guillermo I.

Francia, en el 48, se lanza también a las calles y logra el primer gobierno de coalición, con participación, por primera vez en su historia, de socialistas, como Louis Blanc, en el poder. En 1851 y tras el primer sufragio universal (que se manifestaría siempre profundamente conservador para sorpresa de los sufragistas), comienza el II Imperio de Napoleón III.

147

Imperio que naufragaría en aquella Comuna ya citada, aplastada al alimón por prusianos y versalleses y que daría paso a la III República (1871-1914).

El II Imperio de Napoleón III durará con distintas fases, hasta 1870. Emperatriz, la española Eugenia de Montijo, hija de un Grande de España y condesa de Teba, quien, católica a ultranza y conservadora hasta la médula, no entiende nada de cuanto progresista y liberal se mueve por la Corte.[1]

El terreno de la moda, sin embargo lo dominaba. Y se lo ganó a pulso gracias a una genial intuición: apoyar al modisto inglés Worth. La historia de Worth es particularmente ilustrativa. A los 20 años, deja las nieblas de su Londres natal y se instala en París, *la ville lumière*. Hay que decir que venía con 117 francos por todo capital en el bolsillo y sin saber articular palabra de francés. Quince años más tarde, su joven y atractiva esposa le facilita el conocimiento de la influyente condesa de Metternich. De ahí a la Emperatriz Eugenia sólo hubo un paso. Poco tiempo después era un verdadero «rey» sin corona de al menos nueve reinas europeas que tenían a gala vestirse *chez* Worth. La capacidad de trabajo del angelito rubio era extraordinaria. Sólo basta apuntar que, con ocasión de la inauguración del Canal de Suez, ¡creó exclusivamente para la emperatriz Eugenia 150 vestidos!

Asociado a Gagelin, propietario a la sazón de una de las más famosas *boutiques* de la época, pronto se hicieron de oro. El patrocinio de la emperatriz sería el espaldarazo definitivo. Worth, el primer modisto en presentar sus colecciones sobre maniquíes vivas,[2] iniciaba así la larga serie de esos artistas,

1. Así, la princesa Matilde, separada de su marido, el príncipe ruso Demidoff, será la que marque la pauta de la vida cultural y artística, animando el famoso Salón de Courcelles donde se reunirían, entre otros, Saint-Beuve, Teófilo Gautier, los Goncourt, etc.
2. Maniquí, del flamenco *maeneken* (hombrecito). En la presentación de modas, se había usado hasta entonces bus-

tan singulares como imposibles, que, a partir de entonces, se llamarían modistos. En 1876, se las ingenia para monopolizar la exposición de moda francesa que se exhibe en la Exposición de Filadelfia. Fue un rotundo éxito. La prensa, la crítica, las pimpantes americanas y hasta las belicosas sufragistas caen rendidas a sus pies. Legiones de americanos invaden los salones franceses y vuelven a sus Estados de origen con tejidos, hechuras, lencerías y modelos, al igual que habían hecho sus antepasados anglosajones en las «castas cruzadas». Es el comienzo de la ola. Pues, desde entonces, el Šena tiene un amante... y su amante, es Nueva York. Murió en 1894 en olor de multitudes. Exquisitas actrices, como Eleanora Duse, se vestían exclusivamente en su casa. Durante 30 años todos los vestidos que sacó a escena estaban «sellados» *chez* Worth. Sus hijos continuarían la tradición abriendo nuevos mercados y, entre ellos, el que se revelaría como importantísimo desde el punto de vista económico, el del perfume.

Mientras tanto, Julio Verne se dedicaba a soñar otros mundos...

Al calor de la prosperidad imperial, nuevas revistas ven la luz: «La Vie Parisienne», «Le Journal Amusant», «Modes Parisiennes»... Ninguna marcaría, como «La Vie Parisienne», lo que es de *precepto* en el mundo femenino. Nacida en 1886, y con Marcelin como primer director, «La Vie Parisienne» gozaría de gran éxito nacional e internacional. Sus clichés se venderían en todo el mundo y principalmente en América. Sus dibujantes: Mucha, Hérouard, Fabiano, Bruneleski, Kirchner, Robida, Bac, Gerbault, etc., aún no han sido superados. Hasta 1930, primera guerra mundial incluida, «La Vie Parisienne», sostuvo un elegante diálogo hecho de arte, de sensibilidad y, por qué no, de ligereza, que conformaron un

tos de terracota que se enviaban, vestidos, de unas ciudades a otras. Su mujer, tras la inauguración de la casa de costura Worth tuvo gran éxito como maniquí.

nuevo «producto» específico francés: *la parisina.* La parisina, que, como el *camembert,* el *beaujolais,* el burdeos o el perfume, entraba a formar parte de la flamante Galería de Retratos con que el francés se asoma, triunfal, por el mundo. La *Belle Epoque* no sería *belle* sin «La Vie Parisienne». Tendremos ocasión de rememorarlo.

Pero ¿qué hacían nuestras damas en plena época nacionalista y de búsqueda de identidades?[3] *No lo sabe nadie, nadie, mejor si nadie lo sabe...* Nadie sabe dónde anda nuestra damita del cuento.

Koch, al descubrir en 1882 el bacilo de la tuberculosis, respiró aliviado. Ya podían decir oficialmente de qué morían las damitas, románticas o no, con camelias o sin ellas. Aquel aire pálido, enfermizo, *interesante,* que cultivaban las señoras con fervor y que daba con sus huesitos en la tumba a tempranas edades, tenía por fin un nombre. Apolilladas en sus casas, sometidas a draconianas dietas de adelgazamiento para poder «entrar» en los corsés, con una alimentación tercermundista y ceñidas de la cabeza a los pies, las damas de mediados de siglo, en plena época de profundos cambios sociales, no eran más que una *ilusión.* Ya lo había dicho Feuerbach en *La esencia del cristianismo*: «La religión no es más que una ilusión», anticipándose así a futuros Nietzsches. El filósofo olvidaba decir que la mujer de su tiempo también lo era. ¿Existieron de verdad...?

La segunda mitad del siglo oscilará, pues, entre las momias encorsetadas de los salones y las vitales muchachas del Can-Can. Aquí se reencontraba uno con las mujeres. Volvía el color a las mejillas, se veían bullir piernas y cabezas... Las bailarinas volvieron a ser las heroínas nacionales. No es extraño que los espectadores se persignaran antes de entrar y que algunos las miraran de rodillas...

3. «Movimiento obrero» incluido. Son los años de las grandes luchas por la reducción de horas y jornadas de trabajo.

En 1842, y en los bailes de suburbios, nació el Can-Can. Nadie imaginaba entonces su glorioso destino. Henri Heine, escribía así en «La Gazette d'Ausbourg» del mismo año:

Gran Dios, me piden ustedes nada menos que una definición del Can-Can... Y bien. ¡Sea! El Can-Can es una danza que no se baila jamás en medios decentes, sino solamente en aquellos locales poco convenientes donde el señor que lo baila, o la mujer para quien baila, se ven rápidamente acompañados por un policía que los invita a abandonar el local. No sé si esto explica suficientemente su carácter escabroso, pero tampoco es necesario que sepan en Alemania, con pelos y señales, lo que es el Can-Can de los bailes públicos de París... lugares donde se cultiva una sensualidad velada que resulta mucho más indecente que la desnudez misma.

En los bailes periféricos de los barrios de mala nota y con un público preferentemente burgués, nació el Can-Can, el padre de todos los *music-halls* posteriores. Elegantes financieros, adiposos comerciantes, ricachones industriales inventaban honorables cenas de negocios para rendirse a hurtadillas a las delicias del Can-Can donde bailaba la vida misma. Aquella que parecía haberse desvanecido de sus respetuosas señoras...

En 1867, y muy a pesar suyo, el tercer tomo del *Grand dictionnaire universel du XIXe siècle* recogía los siguientes significados de Can-Can y de *Chahut*: «Can-Can: danza muy libre acompañada de gestos obscenos y de balanceos que imitan los de los patos...»; «*Chahut*: danza aún más indecente que el Can-Can.» [4]

La más famosa bailarina de Can-Can se llamaba Marguerite Bédel. Pronto escogió su nombre de guerra: *Marguerite la Huguenote*. Pero sus admiradores noctámbulos decidieron otro nombre: *La Rigol-*

4. El *Chahut* es uno de los momentos del Can-Can en el que las bailarinas, como si fuera una danza africana, lanzan sus gritos al aire.

boche. Nadie sabe cómo ni por qué, pero, en 1860, todas las librerías de París lanzaban un *best-seller*, *Les mémoires de Rigolboche*. Los que la veían en «La Closerie des Lilas», en el «Casino Cadet», o en el «Prado» habían ya leído su apasionante definición del baile: «*Le can-can c'est le délire des jambes... c'est une furie qui n'a rien d'égal : mes bras ont le vertige, mes jambes sont folles...*». Unos la aplaudían, otros la increpaban e insultaban: «No eres más que una falsa loreta,[5] empantalonada», mientras lanzaban un moralista opúsculo llamado *A bas Rigolboche* : «No es a Rigolboche a quien atacamos, combatimos una decadencia, una desmoralización que arruina la vida pública... ¿Es artista la mujer que eleva la pierna para levantar un poco más los pliegues de una falda ya inútil, para que se incrusten en ella un poco más las gafas de los repelentes? Es triste decirlo, Rigolboche, pero *tu n'es qu'une fausse lorette culottée!*».

Otra bailarina famosa fue Alicia la Provenzal, quien fue expulsada por la dirección del «Château des Fleurs» y del «Bal Mabille» por su obstinado rechazo a bailar con pantalón. Tuvo infinitos admiradores. Una vez proscrita de los escenarios, numerosos cuerpos de baile salían a escena con su nombre y su retrato litografiado, enarbolando de esta manera la causa de la bailarina.

Estos bailes populares, gritones y vitales, atraían siempre una concurrencia heterogénea, y no era difícil encontrar en ellos a filósofos como H. Taine, quien sería elegido Académico a los 50 años de edad. Taine, ha legado un valioso documento de la vida parisina del II Imperio en sus *Notas sobre París*, publicadas en 1863. El libro trata de la vida y las opiniones de un rico y culto industrial americano, Federico Tomás Graindorge, a quien Taine, su testamentario, se encarga de enseñar París : sus restaurantes, teatros, salones, cafés, bailes, galerías, etc.

5. «Loreta», y posteriormente *cocotte*, tienen difícil traducción. De ahí que se hayan utilizado así en castellano. Se refiere a mujeres de vida alegre.

Después de reflejar el hastío y el aburrimiento con que se obsequian las mujeres en los abigarrados salones parisinos, Taine relata así una tarde en la Opera:

Oigo roncar las palabras de *moiré antique*, *velours épinglé*, tartalana, popelina, *guipure*, volantes y otras.

En este mundo que flota entre las cuarenta y las ochenta mil libras de renta, es imposible pensar en otra cosa. Madame M... y Madame de B... han sido educadas muy sencillamente, son muy sencillas y, por tanto, no les queda tiempo para nada. Hay que escoger una tela, comprar cintas, hacer guarnecer un sombrero, comparar encajes, guiar la modista. Las tardes se emplean en las tiendas. El marido no puede disponer del coche.

Tienen razón, le dan al francés el género que le gusta más entre todos: el agrado. Nada tendría que hacer de un sentimiento duradero y fuerte. Esto le embarazaría, le agitaría, le pondría en cuidado. Le es menester un cosquilleo pasajero de la imaginación, una linda promesa de placer lanzada al paso.

Mis dos muchachas están hechas precisamente para eso. Siempre el mismo aire de amabilidad risueña y graciosa. Sonríen ante ese horrible y terrible drama del *Trovatore*. Están a sus anchas.

En otro capítulo, obsequia con un galante homenaje en su descripción de un salón parisino:

No hay verdaderas *soirées* sin mujeres en gran *toilette*. Y no hay derecho a vestirse y escotarse más que cuando se tienen sesenta mil libras de renta. Constituye ello un extremo alcanzado, como en el genio; una verdadera *toilette*, vale por un poema. Hay un gusto, una elección en la disposición y el reflejo de cada cinta satinada, en las sedas rosadas, en el suave raso plateado, en el morado pálido, en la dulzura de los colores tiernos, ablandados aún por envolturas de randas, por bullones de tul, por frunces que se estremecen. Los hombros, las mejillas adquieren un tinte encantador en este nido jugoso de encajes y blondas. Esa es toda la poesía que nos queda. ¡Y qué bien la entienden! ¡Qué arte, qué llamamiento a los ojos en esos corpiños blancos que ciñen los talles, en la frescura inmaculada de las sedas joyantes! Ya no tienen edad bajo las luces, el esplendor de los hombros borra la alteración del rostro. Bien lo saben ellas.

Hay aquí una aristocracia, no de títulos o de poder, ni quizá de corazón, pero al menos de educación, de gusto y de ingenio.[6]

El manuscrito, publicado originalmente en «La Vie Parisienne», causó un enorme revuelo en las clases medias, por su insistencia en señalar continuamente la renta de las damas que frecuentaban tales salones y por su famosa sentencia: «Las medias fortunas no tienen más que un recurso: refugiarse en la vida casera y en la virtud».

Pero volvamos a los rostros pálidos de las damitas de antaño. No eran sólo los polvos de arroz los que lograban la ansiada palidez, no. Más bien era el fruto despiadado de corsés y *crinolines*[7] que apresaban y atenazaban sus imperiales cuerpecitos. El objeto de la *crinoline* estaba claro: realzar al máximo la finura del talle, en contraste con las «hinchadas» caderas. Pero, en 1859, un periódico parisino se hacía eco de un hecho trágico: una jovencita, a quien todas sus rivales admiraban la finura de su talle, moría súbitamente dos días después de un baile. ¿Saben vds. qué le había pasado?:

Su familia quiso saber lo que había producido la repentina muerte a un ser tan joven y decidió hacerle la

6. Para el curioso lector, interesado en el París de mediados de siglo, remitimos a este interesante libro, cuya traducción al castellano por Alfredo Opisso se publicó por primera vez en Espasa-Calpe en 1923.
7. La *crinoline* ha sido traducida frecuentemente por crinolina en castellano, o sea respetando la raíz «crin». María Moliner lo explica así: «Tela clara y rígida, hecha de crin o de otra fibra, empleada para armar. / Falda hecha de esta tela que se empleaba debajo de la del vestido para mantenerla hueca».

154

autopsia. El resultado fue sorprendente: ¡el hígado había sido perforado, por tres lados! He aquí cómo se puede morir a los 23 años no de tifus, ni de parto, sino a causa de un corsé.

Existía de hecho en la época una verdadera guerra a muerte a la crinolina. El más elocuente combatiente de esta guerra fue, el profesor de Estética, Friedrich Theodor Vischer:

La crinolina es un exceso que no añade nada a la belleza de una silueta delgada, sino que la deforma, la aniquila y da una idea totalmente falsa del cuerpo femenino. Cuando las caderas alcanzan dimensiones tan gigantescas, el ojo ya no es capaz de apreciar la esbeltez del talle. Por el contrario, todo parece igual de desmesurado, y realmente todo esto es estéticamente feo, hasta muy feo... Y además es impertinente, impertinente por el lugar que ocupa e impertinente por los ridículos movimientos a que obliga...

Sin embargo, la crinolina reinaría triunfalmente hasta 1865, acompañada, como ya se ha visto en algunos casos, por el uso del pantalón. ¿Cómo se las arreglaban las señoras para coger un tranvía, subir una escalera, franquear una puerta o coger un niño? Es todo un misterio. Fuera cómo fuese, a partir del 65, se inventa un nuevo *postiche* de tamaño más reducido, que se asienta bajo la cintura y eleva como un cojín la espalda, desde la cintura hasta la base de los riñones: es el *cul* francés, *bump* o *rump* inglés, el «polisón» español.

El corsé, mientras tanto, sigue ganando terreno y alisa como un plato el abdomen femenino mientras realza los senos. La mujer de finales del Imperio presenta así una estructura similar al reloj de arena con dos puntos realzados: el pecho y las nalgas.

Bajo el corsé, continúa usándose la camisa o corpiño, que, al quedar firmemente ceñida por las ballenas y cintas anudadas del corsé, cumple la labor de sujetador. Bajo la crinolina, enaguas y, en ciertas ocasiones, pantalones.

En 1866, «La Mode Illustrée» lanzaba una moda íntima que haría gran fortuna: la camisa-pantalón. La madre de la falda-pantalón:

Siempre intentamos ofrecer a nuestros suscriptores, además de los objetos, por así decirlo, clásicos, los que nos parecen concilian el progreso con la utilidad. Colocamos por eso en nuestras sugerencias de lencería un modelo aún desconocido, pero llamado a tener un enorme éxito: la *chemise-pantalon...* porque resume los dos objetos hasta ahora disociados.

En 1874, Stéphane Mallarmé probaba fortuna en el espinoso mundo de la moda y se encargaba de editar los ocho primeros números de la prestigiosa revista «La Dernière Mode», hasta que le usurpó su cargo una tal Baronesa de Comaria, en el n.º 9, con gran desilusión de Mallarmé. Cuidada y elitista revista en que colaborarían todos los escritores de vanguardia desde Alphonse Daudet a Emile Zola.

En 1877, el doctor A. Becquerel, en su *Traité élementaire d'hygiène privée et publique* reseñaba que: «Afortunadamente ha empezado a generalizarse el uso del pantalón».

El catálogo general de la casa Aristide Boucicant, en «Au Bon Marché», presentaba para el invierno de 1866-67 una gran selección de pantalones. Unos rectos y largos, los otros más lujosos, con ligas, valorados entre 1'90 y 5'50 F. Igualmente aparecían lujosos pantalones en los catálogos de «Grands Magasins du Louvre», donde sugerían un fantástico pantalón en batista, con bordado de Valenciennes, al fabuloso precio de 35 F.

Y las faldas seguían largas, largas hasta los pies. E impedían que se vieran los lujosos botines que cubrían el tobillo y que, delicadamente botoneados, darán origen a un nuevo fetichismo que cantará como nadie Restif de la Bretonne, y que merecería otro libro aparte.

El ocultamiento total del cuerpo femenino por los atuendos de la época explica el que la simple vista del menor tobillo fugaz hiciera estremecerse a los señores... Bandadas de viajeros esperaban atentamente, en las paradas de los tranvías, la subida al pescante de una bonita chica a quien poder vislumbrar los tobillos... Otros aguardaban impacientes bajo la lluvia la salida de las modistillas de la Rue de la Paix, obligadas a recoger sus faldas... para evitar los charcos. Estadísticas de la Prefectura de Policía de París muestran que el número de *amateurs de mollets*, aumentaba hasta el 58 % con la lluvia... Un poeta belga, conocido en París, Théodore Hannon retrató así la escena:

> *Ah! l'exquise exhibition*
> *de pantalons blancs et de cottes*
> *de mollets et des bas à côtes*
> *prenant jour sans ambition...*

Mientras tanto, en la vecina Inglaterra, las mujeres seguían decididas en su empeño de ganar libertad de movimientos. El incipiente ciclismo, la tradicional caza y el tenis, al que tan aficionadas eran, provocaron una demanda insólita de los *comfortables* pantalones. En 1884, con ocasión de inaugurarse el más tarde célebre Torneo de Wimblendon se acepta, en una de sus canchas, a jugadoras femeninas. Sin embargo, la falda larga se impone como uniforme oficial y pueden imaginarse el revuelo que se organizó cuando Mrs. Beamish fue expulsada inapelablemente de la competición por enseñar sus tobillos bajo unas faldas ligeramente más cortas, sin las cuales se sentía incapaz de jugar...

Pero estas prohibiciones forman parte ya de la antesala de la *Belle Epoque* (1890-1914), que, como tendremos ocasión de ver, todavía hay quién se pregunta por qué se la llamaría *Belle*...

Los torturantes corsés románticos

Corsé eléctrico del Dr. Scott, 1885. Para mujeres que desean una grácil figura...

A WONDERFUL INVENTION

For Ladies who desire vigorous health and a graceful figure. They always do good, cannot harm, and should be worn in place of the ordinary Corset. They are Elegant in Shape, and are made of Exquisite Material.

"It is the Queen of all Corsets, and wonderful in effect. All should adopt them."
—*London Health Advocate.*

> En los pueblos, las mujeres de todas clases usan medias negras, a excepción de la hija del sacristán que gasta medias blancas y a excepción también de las infelices que no tienen medias que ponerse.
>
> *Viajes por España*, «La Granadina», Pedro Antonio de Alarcón, Madrid, 1892.

El siglo XIX, el siglo del Romanticismo, será también el siglo de la independencia de las colonias españolas y de las sangrientas guerras civiles entre carlistas, o absolutistas, y liberales.

Corramos un tupido velo sobre el siniestro reinado de Fernando VII (1812-33), que lo único que logró fue que las gentes que merecían la pena se largaran rápido a París, Londres, o incluso a Hispanoamérica desde donde le organizaron triunfantes independencias.

quietantes exilios europeos, sobre todo de Londres, adonde «navegaron», entre otros, Espronceda y su amada Teresa Mancha, se forma en España, al igual que anteriormente en Europa, el auténtico caldo de cultivo, no sólo para la literatura romántica, sino, sobre todo, para las actitudes y los gestos románticos.

Pocos años antes, en 1831, y a los 27 años de edad, moría trágicamente la granadina Mariana de Pineda, a quien su paisano García Lorca dedicaría, un siglo más tarde, un emocionado recuerdo. La vida de Mariana tiene todos los ingredientes de la mitología romántica. Casada a los 15 años, viuda a los 19 y con dos hijos, se enrola en la causa liberal, y hasta libertaria, y tiene la desdicha de caer en manos de la ignorante y cruel policía fernandina que descubre en su casa una bandera republicana, primorosamente bordada por Mariana bajo el lema de «Igualdad, Libertad y Ley», que, unida a sus conocidas actividades «subversivas», le vale su temprana ejecución. Mariana, mujer valiente, se dirigió serenamente a sus ejecutores y les silbó así en el oído: «El recuerdo de mi suplicio hará más por nuestra causa que todas las banderas del mundo». Por eso, García Lorca, enamorado desde pequeñito de su mitificada Mariana, le dedicó tan solemnes metáforas:

Mariana Pineda era un mujer, una maravilla de mujer, y la razón de su existencia, el principal motor de ella, el amor a la libertad. Se me antojaba un ente fabuloso y bellísimo, cuyos ojos misteriosos seguían con inefable ternura todos los movimientos de la ciudad. Materializando aquella figura ideal antojábaseme la Alhambra una luna que adornaba el pecho de la heroína; falda de su vestido: la vega dorada en los mil tonos de verde, y la blanca enagua, aquella nieve de la sierra, dentada sobre el cielo azul, puntilla labrada a la dorada llama de un cobrizo velón.

No sólo Mariana de Pineda y su trágica vida fueron las culpables de la tremenda mitología que se creó en torno a Andalucía en general, y Granada muy en particular. El Romanticismo pone de moda lo ambiguo, las fronteras, lo mestizo. Y nada más mestizo que Granada, para muchos la mejor ciudad árabe. Chateaubriand, Zorrilla, Teófilo Gautier, Richard Ford, Washington Irving... cantaron Granada y su misterio. Pero ninguno cómo Pedro Antonio de Alarcón lograría ese retrato, no sólo romántico, sino sublime, de las gracias y desgracias de las granadinas. Para Alarcón, infatigable viajero, nadie como la granadina resume la gracia de la mujer andaluza, «superstición de británicos, locura de franceses, chochez de rusos y alemanes, y perdición de españoles».

Realmente, el capítulo sobre la Granadina, integrado en su obra más vasta, *Las mujeres españolas, portuguesas y americanas*, no tiene desperdicio. Empieza observando:

El hombre no resuelve nada medianamente importante sin consultarlo antes con la señora (que así se llama a la que lleve *vestido*), o con la parienta (que así se denomina, si usa *zagalejo*, esa especie de refajo que usa la mujer debajo de la falda que se puede ver),

para acercarse así al tema clave:

No me preguntéis por las facciones de su cara, ni por las dimensiones de su cuerpo... Allí, como en todas partes, *per troppo variar natura è bella*... Hay, pues, granadinas morenas y granadinas blancas; de pelo negro, de pelo castaño y de pelo rubio; altas y bajas; delgadas y gordas, feas y bonitas. —Sépase, empero, que el tipo *general* y *genuino*, el arquetipo, el dechado, no es alto y recio como el de las mujeres de Rubens, ni pequeño y pardo como el de las hijas del interior de España: sépase también que las bellas están en Granada en mayoría y sépase, en fin, que casi todas tienen poco hueso, pie diminuto, provocativo talle, la color algo quebrada, rasgados ojos oscuros, y sus indispensables e interesantísimas ojeras—. Decir que hay más morenas que rubias fuera ocioso, tratándose de Andalucía, pero su moreno es esclarecido, como el de las legítimas venecianas. Sin embargo, en Albaicín abunda un tipo hechicero y rarísimo en España: la mujer blanca como la nieve y con el pelo negro como el azabache... ¿Serán descendientes de odaliscas circasianas o de los últimos harenes moros?

Y pasa a relatar la cuestión indumentaria:

La dama de la alta sociedad y la acomodada de la clase media visten como determina mensualmente el «figurín» de París, ni más, ni menos. Excusado es, por consiguiente, buscar nada local, nada típico en el traje...

En este punto, ver a una elegante madrileña es ver a una elegante granadina.

La mujer de las clases populares no tiene tampoco *toilette* característica, pero su traje de gala, aunque poco singular, es bastante gracioso: zapato bajo, negro o color claro, media blanca, vestido entero de percal casi rayando con el suelo, adornado con uno o más volantes de la misma tela, pequeño delantal negro, un pañolillo de vivos colores cruzado sobre el pecho, dejando adivinar todas las primorosas líneas del talle y finalmente otro pañuelo de seda llamado «de la India»... Este tocado, merced a ciertos picarescos fruncidos y dobleces, llega a dar al óvalo del rostro un carácter confuso entre monjil y judaico de irresistible coquetería... cuando la interesada es «interesante».

En los pueblos, el traje de las campesinas varía mucho, pero siempre sobre la base de un jubón negro de anascote. La falda va aparte y es de coco, indiana o percal. De todos modos, la elegancia rural consiste en colgarse cuantos refajos y enaguas se poseen, aunque sean cincuenta.

Y retrata al siguiente personaje:

Conque vedla, ¡sí, vedla! Saludad a la granadina de Granada bajo cualquiera de las formas en que aparece a nuestros ojos.

Ya es la noble, la distinguida, la delicada aristócrata de aquella tierra clásica de lo regio... Esta va en coche.

Ya es la sílfide que apenas huella la tierra con sus menudos pies. La ideal y elegante dama o señorita de la clase media, de cultas formas y gentiles pensamientos... —¡Canela pura!

Sí, cualquiera que sea su clase, la granadina resulta siempre «aseñorada» y sentimental, al propio tiempo que dulce, risueña y recatadamente voluptuosa. No chisporrotea en ella la sangre como en las andaluzas oficiales de otras comarcas, pero su imaginación, sus nervios, la médula de sus huesos, los suspiros de su boca, son amor y sólo amor...

Esta apasionada descripción de los personajes locales no se encuentra ni en un Gautier, ni en un Borrow, ni en un Teste ni, por supuesto, en un Ford, quienes hicieron célebres los relatos de sus viajes a la España romántica.

Punto de vista *femme*: la España romántica es muy similar a la romántica Francia y a la romántica Italia. Corsés estrictos, mucho más torturadores aún que en el barroco, aprisionan los románticos cuerpecitos. Concepción Arenal batiría el récord cuando, en 1841, se inscribe en las aulas magnas de la Universidad y tiene que colocarse hasta dos corsés aplanadores para no llamar la atención y para que su presencia pasara inadvertida. Claro que Carolina Colorado, la estupenda poetisa, se lamentaba trágicamente: «Para nacer mujer más vale muerta». Lo cual insuflaba a la buena de Concepción Arenal, quien ponía aún más pasión en su carrera, hasta acabar convirtiéndose en una celebridad internacional por sus estudios en Derecho Penal. Por cierto que la publicarían antes en Francia que en España, como pasó con su profundo estudio *Visitador del preso*.

Pero ninguna mujer de la época fuera mejor retratada que doña Inés de Silva por el célebre y popular escritor Azorín. *En el cuartito de Doña Inés*, Azorín describe minuciosamente el siguiente daguerrotipo de una mujer de 1848:

El transeúnte que avanza por la callejuela es una mujer. En lo alto de la costanilla, en un tercer piso, la cortina que cubre los cristales del balcón será levantada dentro de un instante por la mano fina y blanca de esta mujer. Va trajeada la desconocida con una falda de color malva, el corpiño es del mismo color. En falda y corpiño irisa la joyante seda. Tres amplios volantes rodean la falda, la adorna una trepa de sutiles encajes. Del talle, angosto y apretado, baja ensanchándose el vestido hasta formar cerca del tobillo un ancho círculo. El pie aparece breve. Asciende tersa la media de seda color rosado. El arranque de las piernas se muestra sólido y limpiamente torneado. Y sobre el empeine gordezuelo del pie y sobre el arranque de la pierna, los listones de seda negra que parten del chapín y se alejan hacia arriba dando vueltas, marcan en la muelle carne, ligeros surcos. La desconocida es alta y esbelta. El seno, lleno y firme, retiembla ligeramente en el caminar presuroso. Cuando la dama se inclina, el ancho círculo de la falda —sostenido por ligero tontillo— se levanta en su parte de atrás y deja ver la pierna, de línea perfecta. La cara de la desconocida es morena. En lo atezado del rostro resalta el rojo de los labios. Entre lo rojo de los labios —al sonreír y al hablar— blanquea la nitidez de los menudos dientes. El pelo negro se concierta en dos rodetes a lo largo de la cabeza. Una recta crencha divide la negra cabellera. Sobre los rodetes se ven dos estrechas bandas de carey con embutidos de plata. Dos gruesas perlas lucen en el lóbulo de la oreja. Amplia mantilla negra arreboza la cara y cae por el busto hasta el brazo desnudo que, puesto de través, la sostiene a la altura del seno.

Doña Inés de Silva, vestida con falda de tres volantes y trepa de encaje, arrebozada en la mantilla, calzado breve, chapín con listones de seda negra sobre la media rosa, ha salido de su mansión aristocrática.

Lola Montes

La persona que mejor representa el espíritu inquietante del Romanticismo no es ni Espronceda, ni Larra, ni, por supuesto, el soso Duque de Rivas. La persona «más romántica» de la época será una mujer, una hembra jugosa donde las haya, una apasionante y apasionada mujer de cara expresiva y revolucionaria. Me estoy refiriendo a la bailarina, baronesa, condesa, escritora, charlista y, ante todo, romántica Lola Montes. Su vida merecería todo un libro dada la cantidad de aventuras, amoríos, galas, duelos y divorcios que la llenaron y que terminaron por perfilar una vida aparte y a cien años luz de distancia de la insulsa vida de las damas medias de la época.

Ya sus orígenes son un tanto misteriosos, pues los biógrafos no se ponen de acuerdo sobre el lugar de su nacimiento, aunque parece prosperar la idea de que había nacido en Sevilla, en 1820 (en plena revolución liberal española que se agotaría en el llamado trienio constitucional 1820-23), y que su padre era un capitán escocés, mientras su madre era andaluza. María Dolores Elisa Gilbert, que éste era su verdadero nombre, pasó su infancia en Sevilla y, como todas las niñas andaluzas, bailó y rebailó el flamenco en los olorosos patios andaluces.

A los 14 años, cambia radicalmente de aires. Su padre se instala en Londres y, allí, comienzan las primeras aventuras de Elisa, quien, tras pandillas, ligues y hasta amantes, vese casada a la tierna edad de 17 años con un capitán como su padre (aunque, en este caso, inglés) y embarcada nada menos que a la India. Allí permanecería 5 años. Años decisivos en su vida donde, no sólo aprende a «seducir» en el elegante círculo británico que frecuenta en la ciudad de Poona, a 100 kms de Bombay, donde está su residencia, sino que asiste por primera vez en su vida a las fascinantes danzas de las bayaderas indias, las *devadasis*, dedicadas al culto de Rambha, la Venus india del ornado templo de Kanarah. Algo se le mueve por dentro, y Elisa no se lo piensa dos veces. Con gran escándalo de la colonia británica, que reduce sus actividades a la refinada vida colonial, se recorre la ciudad de cabo a rabo diariamente hasta dar con una buena profesora, la *devadasi* Dag-Marah Aravi. Era la primera vez que una extranjera tomaba clases de danzas indias. A los dos años las danzas indostánicas, tibetanas y vietnamitas, no tenían secreto alguno para Elisa, quien empezó a exhibirse en las frecuentes fiestas de las residencias coloniales...

Y he aquí cómo Elisa, en una extraña mezcla del flamenco de su infancia con las cimbreantes danzas indias, logra un baile único, voluptuoso y lleno de fuerza que fascina a los incrédulos y puritanos británicos de la colonia y al resto de las delegaciones extranjeras. Y, cómo no, comienzan los «amores galantes» de la *devadasi* de adopción, quien, con uno de sus bailes, «El lirio de fuego», roza el delirio: no era ya el ritual de los velos, no, es que toda ella era un velo, desgajándose, abriéndose y plegándose...

El único que, al parecer, admiraba profundamente la danza de Elisa era su marido. El resto de sus amantes palidecían de celos y sufrían como condenados en aquellas «huracanadas» sesiones de baile. Hasta que, al final, consiguieron devolver a la pareja a la metrópoli y serenar su alterado ánimo. Y es aquí cuando nacerá Lola Montes, a los 22 años de edad y al volver a Londres y divorciarse de su primer marido. Lola Montes, será el nombre artístico que la acompañaría ya toda su vida. Ella presumía de sus auténticos (¿o no?) orígenes españoles, y España estaba de moda en la época romántica.

En Londres, Lola, recién divorciada, no goza del ambiente que necesita para exhibir su arte. Decide por tanto trasladarse a París, a un París en plena euforia romántica. Lola impone el *sari* por las calles. Pero su *sari* es muy particular. Las sedosas telas siguen cayendo hasta los pies, pero descubren mucho más hombro que en la lejana India. Los bulevares parisinos se llenarán de *saris*, a la salida de los teatros donde se pueden contemplar las danzas de la bella Lola. El éxito fue inenarrable. Lola, precursora, en cierto sentido, de las afrodisíacas danzas de Isadora Duncan pertenecía a la estirpe de brillantes artistas que dominaron la vida sentimental y escénica del siglo XIX y principios del XX: Lina Cavalieri, Liane de Pougy, Carolina Otero, Cleo de Merode, Géraldine... Nadie como ella supo aunar la magia de las danzas orientales con la fuerza y plasticidad del flamenco. Pero los duelos de amor la persiguen, el barón de Rotschild, Jules Dujarriez —director del diario «La Presse»— y el diputado por la Martinica, Beauvellon, coinciden un día «inesperadamente» en su apartamento. El duelo entre estos dos últimos acaba con la vida del periodista, y el escándalo es tan mayúsculo que Lola hace sus maletas y se larga a Baviera, a la dulce Munich.

Y allí su «velado» descoco iba a incendiar nada

menos que el corazón del rey Luis I de Baviera (el abuelo de ese lánguido Luis II, protector de Wagner, que tan magníficamente retratara Visconti), quien, para conseguir los favores de la esquiva bailarina, la «obsequia» con sucesivos títulos nobiliarios: baronesa de Welsford y, más tarde, condesa de Landsfeld. El Munich pre-revolucionario de 1847 ardía de admiración por Lola quien, a sus danzas orientales, había añadido incluso números de *café-concert* aprendidos durante su estancia en París. Capas, sombreros y los grandes lazos que anudaban el cuello de la época, llevan su nombre. Y Luis I no sabe cómo rebajarse ya para conseguir su «afecto». Y es que la bailarina andaluza era más lista que todo eso y quería entrar en la Corte bávara por la puerta grande. De ahí su «huida artística» a San Petersburgo, que ella bautizaría eufónicamente como «mi campaña de Rusia» y que, por supuesto, le salió mucho mejor que a Napoleón, aturdiéndola nuevamente desde parientes del Zar hasta terratenientes y condes, sulfurados por las veladas túnicas que enmarcan sus bailes y por la rara inteligencia de esos ojos violeta que encandilan a medio mundo.

Pero Luis I, por fin, la consiguió y, al mismo tiempo, se consiguió también el desprecio de sus súbditos que rechazaban a la «aventurera, volatinera y andaluza», como solían llamarla en cuanto se presentaba públicamente con el rey.

Y aquellas barricadas y aquella sangre, de las que hablábamos en un anterior capítulo, que cuajaron en las calles de Berlín, llegaron también a Munich en 1848, fecha clave de promulgación en Europa de las primeras constituciones liberales, «exótico producto» del espíritu romántico. Y Lola, que no podía compaginar sus bailes con barricadas, se volvió de nuevo a Londres, para hacer otra de las suyas: reírse de la puritana sociedad victoriana de la época casándose con un tal Georges Wedding, feo y gordinflón aristócrata que llegó a dar con sus huesos en la cárcel por orden de su Graciosa Majestad por haberse casado con la trotamundos Lola, mientras ésta, como el Guadiana, desaparecía y no se volvería a saber de ella hasta 1856, a los 36 años de edad, en que reaparece en San Francisco de California, casada con el escritor Henry Hull y convertida ella misma en célebre novelista.

Los últimos años de su vida (murió muy joven de un ataque de corazón en su apartamento de Nueva York), se dedicó a dar conferencias en prestigiosos teatros de Nueva York sobre las turbulencias y aventuras de su inquietante vida. La vieja Europa se convertía más que nunca en un sueño a los oídos de los turulatos asistentes que recorrían las Cortes europeas, de París a San Petersburgo, en el dionisíaco relato de esta extraordinaria mujer, que tuvo mil amantes y que, según confesión propia, no supo amar a ninguno.[1] Algo parecido a lo que le pasó a Espronceda y que le llevó a escribir en uno de los mejores poemas de la literatura romántica:

> Y encontré mi ilusión desvanecida
> y eterno e insaciable mi deseo
> palpé la realidad y odié la vida
> sólo en la paz de los sepulcros creo.[2]

1. Max Ophuls, el judío alemán afincado en Francia, le dedicó una larga y dura película que tuvo gran éxito en Europa, en 1955. En España, no ha sido exhibida comercialmente todavía.
2. José de Espronceda, *A Jarifa en una orgía.*

«La Belle Epoque» (1890-1914)

Corsé de 1902 que asegura la añorada línea en S, canon de
la belleza femenina durante la *Belle Epoque*.

> «*Ce bruit si doux qui vous rend fous...
> c'est la chanson des dessous!*» (Ese ruido
> tan dulce que os enloquece... ¡es la can-
> ción de las enaguas!)
>
> «Courrier Français», 1892

La Belle Epoque, el apacible entreacto de siglos, época de galantería y prejuicios, minada por una tremenda miserabilidad de las clases bajas, va a significar, entre otras cosas, el entierro definitivo de la ampulosa crinolina. En efecto, la crinolina, con su fascinante poder ahuecador, viviría sus últimos fastos con el II Imperio francés. A partir de entonces, de manera tímida al principio y decidida después, las crinolinas pasarían a ocupar el desván de las cosas inútiles que toda casa de bien debe siempre mantener.

Y, con la desaparición de la crinolina, volvería el furor por las enaguas, cubriendo vistosamente y superponiéndose el amplio espacio que venía a enmarcar la crinolina. Nunca fue más abundante, ni tampoco más oculto el vestuario íntimo femenino. Hasta doce enaguas llegaban a ponerse las elegantes de la época, e incluso algunas de ellas «remataban» la aparatosa *tenue* con bordados pantalones íntimos. Sí, nunca fueron tan abundantes ni tan ocultas las prendas íntimas femeninas.

La escritora Virginia Woolf, en su libro *Orlando*, y al hablar de la época victoriana (que, en su última época, coincide con la *Belle Epoque*, de 1890 a 1900), ha hecho preciosas descripciones de cómo se «hincharon» los muebles en la última década victoriana. Muebles, objetos, ropa de cama y mesa rellenan por doquier los ampulosos escenarios de este barroco tardío que fue la última década de siglo. Virginia Woolf no llega a relacionar el vestuario femenino con la evolución del mobiliario, pero, si atendemos al axioma, que ya dimos en otra crónica, de hasta qué punto muebles y mujeres evolucionan juntos, la mujer se rodeará igualmente de un vestuario barroco, recargado y pleno de encajes, bordados y pasamanerías.

Toda esa «cargamenta» significaba una evidente falta de autonomía de la mujer en su vestidor. Las ilustraciones de la época y, en concreto, las de Hérouard para «La Vie Parisienne» están llenas de solícitos maridos ayudando a vestirse y desvestirse a sus engalanadas mujeres. Cuando no por sus doncellas, aunque éstas no suelen ser tratadas como tema de ilustraciones galantes tan prolíficamente como los maridos o los galantes amantes de las damas.

Los últimos años del siglo verán nacer un encendido y florido culto a la mujer. Travestida en flor, en insecto, en mariposa, en espejo, en vaso o en estrella, las formas femeninas invaden la prensa, las publicaciones galantes y hasta la publicidad. Desde el cacao hasta los más golosos productos, todo es excusa para ilustrar el cuerpo femenino en sinuosas posturas. Este culto a la mujer, único en la historia del arte, alcanza también otros terrenos suntuarios: porcelanas, cristalerías, muebles, lámparas, vidrieras, muros, puertas, marcos y ventanas se llenan de curvas femeninas. El cuerpo de la mujer se convierte en una seductora fuente de inspiración: ceniceros, vasos, jarras, pomos de puertas y sillas imitan sus curvas. Es el triunfo de un arte sensual y elegante que tomaría distintos nombres *Art Nouveau* en Francia, «Modernismo» en España, *Arts and Crafts* en Gran Bretaña, *Jugendstil* en Alemania, *Sezession* en

Austria. Las cartas postales, de producción millonaria en Alemania, en Inglaterra y en Francia se llenan de motivos florales y turgentes que recuerdan continuamente el universo femenino. Un universo tan florido como desconocido...

Y es que la mujer en general, y su vestuario en particular, se convierten en temas de interés artístico y hasta sanitario. Moralistas, médicos, estetas y hasta arquitectos se preocupan de la comodidad y bienestar femenino como si de una verdadera cuestión social se tratase. Hay que recordar que vivimos en este momento los años dorados de las luchas feministas y sufragistas en toda Europa y que, si alguien odiaba el corsé a fondo, era antes que nadie la feminista. La mujer feminista ve en el corsé el símbolo inequívoco de la sumisión y dependencia femenina. La feminista odia el corsé a muerte, lo odia tanto como el preso odia sus rejas. Y, por supuesto, la feminista hace tiempo que lo ha quemado en público sin esperar siquiera los amenazantes informes de médicos e higienistas sobre las funestas consecuencias del corsé. En 1898, un periódico alemán se hacía así eco de los enemigos del corsé:

La primera cosa a combatir de la absurda vestimenta femenina es, por supuesto, el corsé —esta rígida armadura nociva para la salud—, pues comprime el pecho y el talle, poniendo también en peligro los pulmones, el hígado y el corazón. Varias casas han intentado ya sustituir el corsé por corseletes más ligeros, que no ofrecen ningún mal y a los que desgraciadamente han bautizado de «anti-corsés platino», aunque, sin embargo, logran excelentemente lo que se proponen.

El principio fundamental de las nuevas creaciones en vestidos y en ropa interior ha sido la transformación del centro de gravedad del talle y de las caderas a los hombros que, de manera natural, pueden soportar mejor el peso. Diversos procedimientos han sido utilizados, tales como el que consiste en coser la ropa interior a las prendas que, a su vez, descansan sobre tirantes... A su debido tiempo, habrá, por supuesto, que dar al vestido un toque de elegancia y de estética. Tampoco hay que olvidar que la variedad es uno de los factores más importantes y con el que hay que contar siempre en la moda. También necesitan ser reformados los sombreros femeninos. Los sombreros modernos, enormes, con su peso de plumas, encajes y flores han sido desechados y sustituidos por sombreros delicados de ligeras plumas que pueden ser plegados y guardados en el bolso. Todo tiene un aire extraordinariamente ligero para evitar de una vez para siempre esas crisis de nervios y esas neuralgias...[1]

Sí, la vestimenta femenina se convirtió en un tema que incumbía a todos: feministas, artistas, médicos y, por qué no, arquitectos; así, el arquitecto berlinés Schultze-Naumberg se hizo aún más célebre de lo que ya era gracias a la invención de sus «artísticos vestidos» de línea recta y sencilla que, por primera vez, ignoraban completamente el uso del corsé.

Una nueva manifestación artística, entonces en plena boga, vendría a romper otra lanza a favor de la comodidad femenina: el ballet ruso. Minimizado al principio, observado con recelo por la crítica, el ballet ruso conquistaría el corazón parisino en los albores del siglo. *Shéérazade*, sobre todo, ganó el entusiasmo espontáneo y sorprendente de los parisinos: Diaghilev, Fokine, Nijinski y Pavlova salían a relucir constantemente en las conversaciones de las soleadas terrazas de Montparnasse, en aquellos veranos de principios de siglo que gozaron del increíble espectáculo del ballet ruso de la Corte de su majestad el zar.

Paul Poiret, el famoso y avispado modisto que suprimiría definitivamente el corsé de sus maniquíes en 1906 y, en 1908, les cortaría el pelo *à la garçonne*, aprovechó el éxito del ballet ruso para lanzar una moda que cambiaba radicalmente la antigua silueta en «ese» de las damas y les daba un aire vaporoso y oriental. La guerra ruso-japonesa, en 1905, vino a

1. Citado por Kybalová, Herbenová y Lamarová en *Enciclopédie illustrée du costume et de la mode*, París, 1970.

realzar aún más todo lo oriental, y éste fue el momento elegido por Poiret para lanzar su segunda innovación de los albores del siglo: la manga kimono, amplia y vaporosa, que liberaba los movimientos del brazo femenino y desterraba provisionalmente las ceñidas mangas del declinar de siglo.

Al igual que Virginia Woolf había relacionado el tremendo puritanismo de la época victoriana con los ropajes y oropeles, que todo lo escondían, de las inexpugnables habitaciones victorianas (a imagen y medida de su virtud), también los abultados ropajes femeninos escondían la tremenda represión en que se desenvolvía la vida y las aspiraciones femeninas. Erik Nörgard, escritor danés y autor de un precioso libro titulado *Quand les hommes rêvaient à l'amour*,[2] ha realizado una valiosa investigación de hasta qué punto la llamada *Belle Epoque* se asentaba en las inciertas bases de una rígida moral sexual, con una prostitución galopante que jamás ha sido igualada y en medio de un encubrimiento total no sólo del auténtico cuerpo femenino, sino también de sus anhelos, de sus sueños y hasta de sus perdidas batallas. Realmente los hombres «soñaban» con el amor, porque nunca lo habían conocido, porque las damas consideraban de muy mal gusto gozar en el amor y porque ninguno de ellos sabía gran cosa del universo femenino. La *Belle Epoque* fue realmente una época oníricamente erótica, una época que prepara ya los grandes sueños artísticos y vitales de los surrealistas.

El libro, que está ilustrado con reproducciones de todos los relatos, postales y publicaciones secuestrados por la censura de las sociedades europeas de la *Belle Epoque,* es tan sugestivamente bello que haría las delicias de cualquier niña de nuestros días. No sólo se censuraron en él sugestivas postales, también las reproducciones de los cuadros de desnudos de un Modigliani o de un Zorn estaban

2. Eric Lesfeld editor, París, 1972.

prohibidas por considerarse demasiado «expresivas».
El fetichismo que rodeaba el desconocido cuerpo femenino se hizo particularmente latente en su punto neurálgico: los tobillos. Los *amateurs de mollets* seguían ensimismados, atisbando algún tobillo fugaz, y el fetichismo de los botines llegó a su punto álgido en las capitales europeas cuando inteligentes regentes de las abundantes casas de prostitución dejaban elegir a los clientes el calzado que llevaría su futura *partenaire*, aún no vislumbrada.

Mientras tanto, los dibujantes que, al calor de este «elevado» culto a la mujer, llenaban páginas y páginas de las copiosas publicaciones galantes de la época, contribuían a su manera a «endiosar» aún más la etérea imagen femenina. En particular, los geniales dibujantes de «La Vie Parisienne» marcarían de una vez para siempre todo lo que de sí puede dar la línea, toda la seducción de un dibujo. Y cada uno de ellos se especializaría en un tema: nadie pintó como Munch la locura decorativa del *Art Nouveau*, ni nadie como Kirchner o Hérouard el *déshabillé* femenino, por no citar a la danesa Gerda Wegener, la única mujer que en su tiempo se atrevió a pintar a la mujer, o a Fabiano, el dibujante de alcobas y *boudoirs*, el dibujante también de las elegantes damitas que recibían el desayuno de sus doncellas cuando algunos funcionarios daban por terminada su jornada laboral.[3] Y no olvidemos a Bruneleschi, el dibujante de la voluta y la vestimenta demencial, que se encargó él solito de resucitar, durante un año, el de 1908, el desenfadado desgarro de las *merveilleuses*, las maravillosas criaturas del Directorio. Sí, «La Vie Parisienne» mereció, también ella solita, el bau-

---

3. Creemos oportuno mencionar a Mariano Fortuny, hijo del pintor catalán, quien, desde su residencia en Venecia, diseñó no sólo telas espléndidas para vestidos, cortinajes y muebles, sino también sugerentes y sorprendentes modernos trajes de noche. En Italia en particular, hoy se están recuperando no sólo sus diseños de telas, sino también sus modelos de trajes. (N. del E.)

tizo de *Belle Epoque* para la época que la vio nacer.

En 1900, París celebró una nueva Exposición Universal en sus salones. Una vez más los americanos andaban a trompicones por las calles, «epatados» por las bellezas móviles e inmóviles de su adorada ciudad. La realidad superaría todas sus previsiones: el gran éxito de la exposición fue el pabellón de la moda, éxito que fue narrado así por una publicación alemana de la época:

Para todos los que ofician en el altar de la gracia, el esplendor y la belleza, París, era, es y será siempre el séptimo cielo de la felicidad. He aquí por qué tantos artistas, pintores, escultores y costureros se encaminan hacia París que quizá, hoy más que nunca, tiene por *vedette* a la mujer...

Esto explica también la calidad única de cada una de estas cosas en las que se basa el culto a la mujer, objetos creados con el exclusivo fin de hacerla aún más bella.

Entre las creaciones más bellas y sugestivas, se encuentran los *deshabillés* y las prendas íntimas. Los seductores peinadores, las batas ligeras y desenvueltas, los excitantes corpiños, los corsés ligeros y flexibles y las combinaciones, la lencería y todos aquellos complementos que moldean hábilmente y embellecen la silueta calentando la imaginación...

En comparación, las creaciones más elegantes y más costosas que se pueden ver en Alemania, no merecen, salvo escasas excepciones, el derecho a ser mencionadas. En estos dominios, la mujer francesa nos supera con mucho. Tiene tal profundo conocimiento de este culto que todo se desvanece ante ella...

Cuánto gusto y coquetería tiene, por ejemplo, el combinado corsé-corpiño, de estilo Pompadour, que lleva el nombre de «vendido 22 veces». El tejido es de *crêp* de seda rosa, recubierto de satén del mismo color y bordado de guirnaldas y rosas verdes y blancas que llaman la atención por su excelente aspecto. Un modelo parecido, en azul, está bordado de pequeñas margaritas de las cuales, una, sobre el seno derecho, lleva prendida un broche de diamante... Para darles aún más encanto, los expositores han bautizado cada una de sus creaciones con el nombre de las mujeres que los han encargado o llevado. Princesas reinantes, duquesas, condesas, aristócratas, ricas comerciantes, artistas, la *jeunesse dorée* —que dicho sea de paso sigue llamándose joven aunque tenga 50 años— y muchas otras mujeres muy conocidas y célebres. Todas, en efecto, son apaciblemente reunidas aquí. Así es la vida...[4].

Y es que, efectivamente, las damas, en una época en que aún no existían los tejidos elásticos, ni las fibras sintéticas, ni, por supuesto, las fábricas, hacían confeccionarse a su propia medida la ropa interior, encargo en el que los modistos ponían tanto empeño como en los vestidos exteriores. La ropa interior se hacía, pues, a medida, y los corsés, prendas de muy compleja elaboración, con aquellos emballenados y artilugios metálicos, se confeccionaban especialmente por los *tailleurs* y los artesanos. Eran tiempos en que había que probarse varias veces las enaguas y perder varias tardes hasta dar con el largo y la forma deseada. Definitivamente eran otros tiempos.

Eran otros tiempos en que los incipientes baños de mar, recomendados por primera vez en la historia por todos los médicos sin excepción, venían a sumarse a las incesantes campañas por una vida más libre en contacto con la naturaleza y disfrutando del aire y del sol. Campañas que las feministas se encargaban de fomentar presentándose invariablemente a lomos de sus populares bicicletas, económico y deportivo medio de transporte, que por todos los medios trataban de introducir en el mundo femenino. Las inglesas se llevarían la palma por lo que a horas de pedal se refiere. La suave campiña que las vio nacer disfrutaba también de este alegre homenaje. Las revistas se llenaron de ilustraciones de lindos traseros femeninos acariciando duros sillines. Mars, por su parte, también para «La Vie Parisienne», dibujó incesantemente divertidas escenas de

4. Citado en la ya mencionada *Encyclopédie illustrée du costume et de la mode.*

aquellos baños en Biarritz, Royan o Brighton, donde esbeltas señoritas, ataviadas con *maillots* de lana, trataban de pescar una quisquilla en las rocas de una naturaleza recién descubierta bajo la atenta mirada del conquistador de turno, enfundado él también en completo traje de baño.

A partir de 1900, se suaviza un tanto la censura, las publicaciones se lanzan al descaro y a la narración perversamente ingenua, y alguna como «Fru-Frú» sufrió más de un castigo con suspensión incluso durante meses. A las revistas siguieron los espectáculos eróticos. Al grito de «viva la amoralidad y muera la lencería» los antiguos bailes de los suburbios parisinos se apresuraron a contratar otro tipo de espectáculos. Era la época dorada de las pantomimas líricas y de los primeros *strip-teases* tipo «Le Coucher d'Yvette», en que todo se sugería y nada se realizaba, pero que encandilaban al público, que chirriaba, gritaba y relinchaba a gusto cuando Yvette, desvestida ya de innumerables prendas íntimas (el número guardaba directa proporción con el regocijo), lograba por fin apagar su velita y conciliar un dulce sueño con los angelitos.

En París, fueron los más avanzados. Ya en 1894, el «Supplément Illustré du Journal» publicaba una fotografía de la señorita Blanca Cavelli, la vedette del primer *strip-tease* parisino, en pantalón bordado y corsé, y presentando así el nuevo «arte»:

Se representa en este momento en el «Concert Lisbonne» (antiguo «Divan Japonais»), una pantomima de M. Verdellet, *Le Coucher d'Yvette*, que cada noche atrae a la sociedad *snob*, deseosa de aplaudir esta pequeña fantasía no exenta de cierto «impudor» y en la cual la señorita Blanca Cavelli obtiene un gran éxito.

Le Coucher d'Yvette al que seguirían el de Marguerite, Nicole, o cualquier otra, obedecía siempre al mismo esquema: una joven ha sido dejada por su marido, quien debe hacer su servicio militar; la joven se dirige a la coquetona habitación y se la

menta de que una cama tan grande y tan agradable
sea sólo para ella... Comienza a desvestirse, cuando,
de repente, tiene la feliz idea de escribir a su adorado maridito mientras se va desvistiendo, lo que
origina no poco jolgorio entre el público que puede
verla así inclinarse a escribir la carta y dar vueltas,
pensativa, alrededor de la mesita de noche, admi-
rando su silueta de frente, de perfil y de espaldas.
Al final, Yvette termina de desahogar su desconsuelo
en la carta mientras pantalones, enaguas, medias,
corsés y corpiños ruedan por el suelo. La tremenda
popularidad del espectáculo llegó a justificar tal naturalidad que Yvette se desvestía de las mismas
prendas que había llevado al teatro, sus prendas cotidianas, y, curiosamente, aquí saltaron los censores que pidieron un poco de dignidad, ¡caramba!, y
exigieron que, al menos, las prendas íntimas fueran
de seda...

A estas imprevistas correspondencias nocturnas
siguieron otros divertidos espectáculos, como *La
chasse de la puce*, la caza de la pulga, de tema y
mimo similar. Trátase ahora de la señorita Angèle
Héraurd, esposa de un capitán de la marina mer-
cante. El marino navega en mares lejanos cuando
la damita se ve asediada por la incesante llamada
de un inquieto pintor del *atelier* vecino, quien, por
fin, una noche, obtiene la dulce promesa: la «pro-
visional viudita» vendrá esta noche a su taller de
artista... Y he aquí que, en escena, divisamos a la
joven, quien, vestida y maquillada, está poniéndose
los guantes y bajando el delicado velo de su sombre-
rito cuando algo imprevisto empieza a recorrerle el
cuerpo... ¡Maldición!, exclama la cortejada, y lenta-
mente, con toda la parsimonia del mundo, procede a
desprenderse de sus estudiadas ropas hasta encontrar el molesto bichejo. Vuelven a rodar medias, pantalones, corsés y enaguas por el suelo hasta que, por
fin, alcanza a la pulga, momento que culmina el clí-
max del espectáculo, porque, en el lento· *deshabillé*,
ha tenido tiempo de reflexionar y decide no ir a la

cita con el pintor. Y, orgullosa de su sublime decisión, la joven damita, en la mínima expresión de ropa interior, rebusca, balanceándose, en los cajones de su ausente marido hasta dar con una de sus medallas militares con las que aplasta a la «providencial» pulguita... Cuando el éxito de público decidió a la compañía a representar su obra en otros escenarios europeos, las exigencias de la censura mostraron todos los límites de las «virtudes nacionales». Así, mientras que en Austria se le pidió a Angèle Héraurd que no se quitara el corsé, en Prusia se le autorizó a quitárselo; mientras en Berlín se le prohibía retirar las medias del pantalón, en Bruselas los permisivos censores le dejaban rascarse las nalgas, buscando la pulga a través de la sugestiva apertura del pantalón...

Claro que, en ningún caso, ni en París, ni en Berlín, ni en Viena, los censores permitieron que ningún lago de carne entre el pecho y las caderas quedara al descubierto de aquel ansioso público convertido en aspirante a marino-mercante regresando inesperadamente al hogar...

De 1910 a 1914, una moda lanzada por la Maison Paquin vendría a ponerle la vida a la mujer aún más difícil. Še trata, nada más y nada menos, que de la *jupe entravée*, la antepasada de la falda-tubo, que, al terminar la línea femenina prácticamente en punta, obligaba a la mujer a andar pegando saltitos con exótico aspecto de cangura en celo. No obstante, esta moda gozaría del favor únicamente de las más extravagantes. En cuanto al resto, se lanzaban ya, a tumba abierta, a levantar progresivamente las faldas, unas faldas que dejarían primero ver el tobillo, para detenerse finalmente, en los prolegómenos de la guerra, en las ansiadas pantorrillas de canciones y ensueños.

Primero en América, luego en Inglaterra y Alemania, y finalmente en Francia, hacia 1914, los tobillos femeninos eran claramente apreciados sin necesidad de acrobacias subterráneas. Y, con el desvelamiento de los tobillos, vino la pasión por las medias, aquellas medias llamadas de cristal, que costaban una fortuna. Medias caladas de exóticos motivos, medias de seda o de *crêpe*, bordadas a mano con motivos florales, o de pájaros, y embellecidas con encajes de Bruselas que invadirían los salones de una Europa acongojada por una guerra cuyas consecuencias sociales serían, entre otras, el definitivo despegue de la autonomía femenina y su paulatina incorporación a un mundo de trabajo distinto del que vieran sus abuelas. Autonomía que, como veremos, empezó por su vestimenta, pues al suprimirse el corsé después de la guerra, desapareció también la hasta entonces absoluta necesidad de ayuda de otra persona: doncella, marido, o amante, a la hora de desprenderse de sus emballenadas prendas íntimas.

Un lejano fru-frú

Cubierta de la revista francesa *Le Frou-Frou,* n.º 181, 2 de
abril de 1904.

Nº 181. — 2 Avril. 1904.
Bureaux: 9, rue Sainte-Anne, Paris.
25 centimes
LE FROU-FROU
ECCE MULIER
MESSES ROSES
HUIT DESSINS PAR L. LE RIVEREND
Légendes de DAVIN de CHAMPCLOS

> —¡Quieto! —exclamó—. No discurre us-
> ted más que ofensas.
> —¿Ofensa suponer que tienes hermoso
> el pecho?
> —Suponerlo no, querer tocarlo, sí.
> —No digo tocar, sino ver.

Juanita Tenorio, Jacinto Octavio Picón,
Ed. Renacimiento, Madrid, 1922.

Volvamos de nuevo a las ciudades españolas a atisbar mirillas, a entrar en sus tascas, a introducirnos furtivamente entre los bastidores de sus populares teatros. Bien. «Estuvimos en un tris de quedarnos en París y no por el *strip-tease* y no por el *strip-tease*» (cantarían allá por los años setenta Las Madres del Cordero), pero al final volvimos, al final se vuelve siempre.

Y no es para menos, la España del cambio de siglo no pudo ser más apasionante: Exposición Universal en Barcelona en 1889, auge de los nacionalismos vasco y catalán, crisis vital y política tras el desastre del 98 y pérdida de las «dionisíacas» colonias de Cuba y Filipinas, grandes sublevaciones campesinas en Andalucía, Semana Trágica en Barcelona... Y, para rematarlo todo y poner una nota frívola y hedonista en el pastel, la liberalidad de la censura alfonsina, a cuyo calor nacería una auténtica literatura y un teatro erótico que nunca más volvió a darse en su extensión y calidad como en la España Modernista de principios de siglo.

Sí, la Exposición Universal de Barcelona en 1889, no sólo embelleció la ciudad, sino que fue una auténtica inyección de euforia para los románticos nacionalistas catalanes. El *Modernisme*, versión catalana del *Art Nouveau* francés, o el movimiento *Liberty* italiano, se manifestaría extraordinariamente fértil en lo que a las artes visuales se refiere. Eran tiempos en que los artistas preferían la alegre promiscuidad de tascas y restaurantes a la hora de ensayar los nuevos estilos. De todas ellas sobresaldría la famosa taberna de «Els Quatre Gats», inaugurada en junio de 1897 en la Casa Martí de la barcelonesa calle Montsió. Impulsada por Pere Romeu y Ramón Casas, gozó de una entusiasta actividad de tertulias y exposiciones. Seis años duraría la vital experiencia catalana, seis años en que, entre otros, expondrían sus obras Regoyos y Nonell en 1898, Xavier Gossé én 1988, y Picasso y Casagemas en 1910.

Los mismos animadores de «Els Quatre Gats» editarían, a partir de 1908, la popular revista satírica «Papitu» donde los chistes verdes con alusiones a las *deshabillées* femeninas marcarían época. Allí, se estrenaría el joven Juan Gris, acompañado de colaboradores como Nonell, Casas, Pau Gargallo, María Pidelaserra y Nogués. Sin la elegancia de «La Vie Parisienne», pero con una tremenda sensualidad y gracia que la hicieron enormemente popular, «Papitu» jugó un importante papel en el cultivo de esa nueva vitalidad hedonista y laica, que difícilmente se abría paso en la católica España. Mientras tanto, Hermen Anglada-Camarasa conocía, en plena *Belle Epoque* parisina, las mieles del éxito como cronista de la vida nocturna del bohemio París de principios de siglo.

En 1917, el mismo año de la huelga general en Cataluña, se presentaban por primera vez en Barcelona, y con un éxito inenarrable de público, los Ballets Rusos de Diaghilev que aquí como en París tuvieron una influencia considerable sobre el ya maduro feminismo. Aquí como en París, las calles se llenaron de esbeltas muchachas de airoso paso y danzarinos movimientos tras haber sepultado en lo más hondo de sus desvanes el rígido corsé de sus abuelas.

Mientras tanto, en la Villa y Corte, una vez pasada la rabieta de Cuba y cansados ya de aquellos versitos a Castilla con que impenitentemente les obsequiaban los llamados escritores del 98, se observa una extraordinaria floración de la prensa y literatura galantes. La censura alfonsina, contemporizadora con los dibujos y relatos eróticos, iba a permitir la libertad de expresión de una verdadera pléyade de escritores «jugosamente eróticos», cuya enumeración sería demasiado larga y que, capitaneados por el médico y escritor socialista Felipe Trigo y por Joaquín Belda, Eduardo Zamacois o Jacinto Octavio Picón, hacían las delicias de los lectores con aquellas historias divertidas y picantes que les ayudaban a olvidar sus normales once horas de trabajo diario. Pero no sólo la literatura, como tendremos ocasión de recordar, disfrutó de esta temporal liberalidad de la censura (que, entre otras cosas, se manifestó como enormemente productiva desde el punto de vista económico, pues hubo muchos libros de grandes tiradas), sino que también la prensa de la época se llenó de publicaciones galantes, donde, desde las ilustraciones hasta los relatos, todo era un saludable homenaje a la mujer y a su intimidad.

Ha llegado la hora de recordar a los sugestivos dibujantes madrileños del Modernismo, a Ribas, a Penagos y a Demetrio, quienes, desde sus galantes ilustraciones de «Muchas Gracias», «Chicharito», «Madrid de Noche», «Mundo Alegre», «Cosquillas y Pellizcos», «La Hoja de Parra», «El Duende», etc., hacían la vida un poco más amable a las sufridas clases populares madrileñas.

Curiosamente, las antologías literarias al uso, para estudiantes, universitarios o no, han silenciado siempre esta hedonista escritura de un grupo de personas que, a la manera naturalista de Zola, intentan dentro del mejor espíritu librepensador criticar, sin falsos lamentos, la tremenda miseria vital y sexual de la época impuesta por la ignorante y puritana burguesía española. Ultimamente se está rehabilitando la obra de Felipe Trigo, o la de Joaquín Belda. ¡Ya era hora! Han pasado más de cincuenta años y, sin embargo, tras la noche oscura del franquismo, hay descripciones que se ajustan perfectamente a la moral actual y que aún calan en la oculta cámara de las más arraigadas costumbres españolas.

Pero pasemos a ver cómo nos retrataron estos escritores de principios de siglo la vida y andanzas de la española media. Cómo vistieron a la mujer. Cómo la desvistieron. Qué sentimientos la adornaban, cómo demonios llenaban sus vidas, qué tipo de hombres les quitaba el hipo... Joaquín Belda fue uno de los escritores más leídos y seguidos fielmente, en su copiosa obra, por los lectores madrileños. Šus novelas eran auténticos *best-sellers*. Los editores se frotaban las manos de gusto. Joaquín Belda escribió una genial novela llamada *La Coquito* en la que se nos permite hacer un itinerario distinto por el Madrid modernista, por sus bares, sus teatros, sus calles, sus tiendas, su irreversible casticismo, del brazo de una popular y brava hembra de la época, la Coquito, la artista de variedades que, con su infernal manera de bailar la rumba, traía en jaque a media sociedad madrileña:

A la cabeza lleva anudado un pañuelo morado como ese que se pontn las mujeres en Andalucía para enjabelgar los muros de las casa y que, recortando el óvalo de la cara, hace a ésta más bonita, resaltando la armonía de las facciones; unos caracolillos de pelo son lo único que se escapa de la prisión del pañuelo y, cayendo sobre los ojos, hacen que éstos parezcan soñadores y perdidos en un negro extravío. De las orejas cuelgan unos magníficos zarcillos de brillantes, que, con la luz, despiden destellos de un modo extraordinario, como los ojos y los dientes, menudos y apretados, que parecen de nácar.

Un pañuelillo, también morado y con flores de oro, le cae por los hombros, y ella sujeta con las manos sus dos puntas delanteras. Recomendamos al lector que no pierda de vista este pañuelo, él es el secreto del encanto de la rumba, él obra a modo de tapadera incitante, cubriendo y descubriendo al compás lo que, por estar semioculto, tiene más atractivos. Otelo se perdió por un pañuelo de nariz, por este otro pañuelo de los pechos estamos dispuestos a perdernos unos cuantos mortales que tenemos poco que perder.

Sin hipérbole, puede decirse que lo demás del cuerpo celeste de *Coquito* está desnudo, pues no es ir vestida llevar una gasa a modo de camisa, muy ancha por los pechos, para que éstos puedan jugar después con toda libertad, ni tampoco es una prenda de guardarropa un lienzo, también morado, que le cubre las caderas y que, por delante, apenas si tapa el vértice sexual y, por detrás, no llega a ocultar —felizmente— ni la cuarta parte de los hemisferios de la fachada. Estos, como dos baloncitos apretados y macizos, desarrollan una curva discreta en la que está el mayor peligro.

Los muslos, las piernas, los brazos, la espalda y casi todo el pecho están al aire. La carne parece seda, un poco pálida, pero limpia y brillante, es una invitación al mordisco, con su ligero temblorcillo.

Y empieza la danza...

Sí, empieza la danza, la Coquito se pone a «rumbear» y, aunque no es la Belle Otero, ni Liane de Pougy, ni la Cleo de Merode, quienes dominaban los escenarios y los sueños parisinos, la Coquito, cuando baila, es una auténtica revolución:

En la sala se fabricaba un silencio de matadero: caía la blusa y, en efecto, la camiseta, que terminaba su misión a la mitad justa de la raya de los pechos, dejaba ver casi todo el contorno de ellos, blanquitos y temblones como dos palomitos que se arrullaran. Y lo que faltaba, con el botón de la vida, se presentía, casi se palpaba, tras la batista de la camisa, que era para nosotros el velo de Ariadna de nuestros deseos.

¿Concebís nada más encantador, nada más incitante, más de mareo, que el misterio a medias de unos pechos que se esconden como la amada que no se atreve a asomarse del todo al balcón por temor a que venga su padre y le arrime un escobazo? Al dar ella unos pasitos, los escondidos diablejos, con el balanceo del cuerpo, aumentaban y disminuían alternativamente la superficie al descubierto y, si, por acaso —¡feliz acaso!—, se agachaba un poco, entonces las pelotitas, a punto de romper su prisión, nos trasladaban al séptimo cielo en un ascensor de cien caballos.

Hay toda una erótica gastronómica en la novela popular de principios de siglo que resulta deliciosamente jugosa. Rafael López de Haro jugaría también con estas sensuales asociaciones de imágenes. Así, en *Dominadoras*:

Desató los cordones, cayó la armazón de ballenas y aceros ensanchándose el tronco, oscilaron en libertad los globos que se mantenían altos, sin necesidad de apuntalamientos, mimbreó la esbelta cintura y crecieron las robusteces lumbares hundidas al centro en una cuenca suave de donde partía la raya de un enorme melocotón.

O también, en *Fuego en las entrañas*:

Su hombro era como un melocotón grande y maduro, su boca un polvorón.

El mismo escritor, Rafael López de Haro, describe así, en *Entre todas las mujeres*, un *deshabillé* de época:

Cayó primero la camisa, nubosa, leve, como una niebla de vapores de plata, el corsé, copa colmada de vida, los pantalones huecos, florecidos de encajes blancos, rumorosos, y las ligas tensas del corsé a las rodillas.

Pero no todo en la literatura popular eran alabanzas al corsé, «copa colmada de vida». También había sus detractores, e incluso los mismos escritores que en unos párrafos lo alababan, pocas líneas después lo atacaban a fondo. Veamos:

El corsé, rígido y duro de líneas, contagiaba a las cinturas que serían graciosas en libertad, apretaban y

198

constreñían los estómagos vacíos, arrugándolos como fuelles de acordeón, replegaban, empujándola hacia las caderas, la poca carne de los costados y del lomo y oprimían tiránicamente las regiones de la maternidad.[1]

Y también:

El corsé roba al cuerpo su dulce flexibidad y su cálida blandura.[2]

A principios de siglo, la afición madrileña por los espectáculos de variedades y el teatro era enorme. Se vivía una verdadera pasión por la escena. Los espectáculos musicales y, en particular, las zarzuelas eran también muy populares. Así, la celebrada zarzuela de Perrín y Palacios, *La Corte del Faraón*, la del: «Ay va, ay va, ay babilonio que mareo. Ay va, ay va, ay vámonos pronto a Judea... Ay va, ay va, vámonos pá allá...», etc., que ha vuelto a ser representada con gran éxito en el Madrid de los años setenta, se atrevía a recomendar a las muchachitas aquello de: «Sé hacendosa, primorosa, dale gusto, siempre cariñosa». O la también célebre zarzuela de José Ramos Martín y José Guerrero, *La montería*, en que se cantaba: «Hay que ver, hay que ver, las ropas que hace un siglo llevaba la mujer...», etc.

Sí, hace casi un siglo, la mujer llevaba extrañas y copiosas ropas. Bordadas, engalanadas, armadas, puntilleadas, emballenadas... a mayor gloria y prosperidad de los corseteros. Delicados encajes que no evitaban exclamar a la mujer: «Me aburro, madre, me aburro siempre, cuando toco el piano, cuando bordo, cuando voy por las calles camino del Conservatorio».[3]

1. *Dominadoras*, Rafael López de Haro, Sanz Calleja, Madrid, 1907.

2. *Juanita Tenorio*, Jacinto Octavio Picón, Ed. Renacimiento, Madrid, 1922.

3. *Incesto*, Eduardo Zamacois. Ramón Sopena, Barcelona, 1900.

O aún más penoso: «El dolor infinito de ser mujer y por tanto inútil para todo».[4] Y es que, en el estricto marco en que se desarrollaba la vida de la española media, la que no era ni artista célebre, ni feminista, ni contestataria estudiante, ni, por supuesto, honorable esposa de digno funcionario, todo estaba reglamentado, compartimentado y vigilado al milímetro. Así, el mismo médico socialista y escritor brillante, Felipe Trigo, se apresuraba a recordar en su influyente estudio, *El amor en la vida y en los libros*, que:

En la calle y en visita no debe verle nadie a una mujer más que la cara y las manos, en un teatro ya pueden verle los brazos y el pecho, en una playa las piernas.

Y Eduardo Zamacois, en *Punto-Negro*, elogiaba el prudente «descuido» de las respetables damas:

No cuidaba de mostrarse discreta, ni graciosa, ni de adobar y pulir su persona para parecer bonita, porque esto implicaba cierta iniciativa contraria al desaliño que, en su opinión, debe caracterizar a las mujeres honestas.

El caso es que estos mismos novelistas se muestran mucho más indulgentes con sus protagonistas cuando las colocan en la tenue intimidad de un gabinete privado. Todas las obras están repletas de sugestivas escenas íntimas en que la fogosa imaginación vuela libre, como si el mismo terreno de lo privado les diera alas, así *El Otro* de Eduardo Zamacois:

Convencida de lo mucho que acrecienta su belleza, la mujer que sabe desnudarse poco a poco, la bata de seda malva, el corsé de color pálido, los pantalones blancos como el lino y adornados de lazos sedeños y enca-

4. *El maleficio de la media noche*, Andrés Guelmain, Caro Raggio, Madrid, 1922. Todas estas citas están tomadas de *La novela del corsé*, Manuel Longares, Seix-Barral, 1979.

jes prolijos habían quedado colocados ordenadamente sobre el respaldo de un sillón, semejantes a pétalos de una enorme flor que oliese a violetas y a carne femenina limpia y joven. Desde el lecho, medio incorporado, Juan Enrique la espiaba atento y palpitante.

Los colores de la ropa interior es un asunto de vital importancia en esta época. Toda la gama de los blancos, amarillos-té y rosados se consideraban de buen gusto y propios del equipo de una mujer elegente y fina. Mientras que los colores oscuros, negros, morados o rojos eran considerados de mal gusto y adecuados a mujeres de dudosa moralidad.

Felipe Trigo, en su libro *En la carrera*, ha narrado de esta forma, «cómo se hacía», en tiempos de nuestras abuelas:

Deslizando, siempre deslizando, y tomando lenta posición de lo ganado, acariciaba cada vez más ampliamente la hermosura tibia y tersa de la media (...). Luego llegó por la altura a otros encajes que debían ser del pantalón, pero tan ceñidos a los mismos de la enagua que sus dedos se perdieron y no sabían últimamente si se habían insinuado por arriba o por abajo... ¡Oh, sí! ¡Por encima! ¡No era piel lo que tocaba sino Holanda! Tarde, sin embargo, para retroceder en lo que tanto iba costándole; ya pasada la rodilla, se aplicó a inquirir el borde de la media. Encontraba lazos y escudetes de metal y cintas, sin saber lo que fuesen: en cambio, no encontraba por su sitio el relieve de broche alguno de la liga.

Aquellas lentas exploraciones de antaño terminaban a veces con rasguños en manos y brazos como si de un juego con gata siamesa se saliera. Antonio de Hoyos lo vio así en *El sortilegio de la carne joven*:

Las manos del varón, impacientes por el obstáculo que oponían las ropas a la plena satisfacción de su deseo, buscaban corchetes, cintas, botones y alfileres, sin hacer caso del dolor de los pinchazos, de los chasquidos de las ropas al rasgarse, ni de los leves quejidos que exhalaba ella. Saltaba unos y otros, deshacía lazos, rompía, arrojaba lejos y, por fin, lograba abrir la blusa, desprender el corsé, la falda, la chaquetilla, rasgar la camisa, y verla como un sueño surgir desnuda, entre jirones, ante él.

Bien. Era una época en que alguien podía escribir: «La brisa hacía frufrutar la fimbria del vestido de Laura...».[5] Era una época también de miseria, de gentes calzadas con alpargatas, de jornadas de sesenta y seis horas semanales, de fugaces vacaciones a la orilla del mar. Un mar batido día y noche por las monógamas parejas de guardias civiles, vigilando atentamente el menor desvío indumentario en el estricto traje de baño. Una época en que la pareja inglesa Jan y Cora Gordon, en su viaje por España titulado *Poor folk in Spain*, traducido al castellano como *La gente sencilla de España*, se hacían eco del tremendo hermetismo de costumbres y vestidos en sus correrías por las ciudades españolas y ocasionaban más de un escándalo cuando, bajo el sol de justicia veraniego, Cora se empeñaba en ponerse ligeras y transparentes blusas. Un buen día de julio de 1920, la pareja desayunaba su cotidiano zumo de naranja y huevos fritos con jamón cuando tuvieron ocasión de leer el siguiente comentario del diario «El Liberal»:

El traje de baño —no hablemos de los *maillots*, porque, aunque en el extranjero se haya adoptado este traje como práctico y conveniente, aún han de transcurrir muchos años antes de que en España nos acostumbremos a verlos en personas decentes.

El traje blanco de franela de lana, gabardina o buena jerga es elegantísimo, pero hay que tener cuidado exquisito en forrarlo con un tejido asimismo blanco, para evitar que la tela, al mojarse, descubra transparencia indiscreta.

5. *Yo he sido casada*, Rafael López de Haro. Ed. Estampa, Madrid, 1930. Citado por Longares en *La novela del corsé*.

Por eso, no es de extrañar el comentario del último testigo de esta onírica época en que, en España como en Francia, Italia o Inglaterra, los hombres y mujeres soñaban con los tobillos femeninos y las cinturas masculinas, porque sólo en los teatros y en los libros se podía intuir lo que había tras aquellas espesas y tupidas ropas de castidad.

En mi época, cuando yo era mozo, todos los hombres, por lo menos en España, andábamos desatinados detrás de las mujeres con un frenesí, con una exaltación, con una furia, que sólo podía tener equivalente en la sed inextinguible de los diabéticos. Nuestros sueños estaban siempre torturados por fantasmas lascivos, nuestras vigilias trastornadas por conversaciones obscenas y pensamientos lúbricos. Asaltábamos las plataformas de los tranvías para aprovecharnos de las apreturas, buscábamos en las iglesias contactos deshonestos, perseguíamos en los días lluviosos a las mujeres que llevaban recogidas las faldas, y, en las puertas de los teatros, permanecíamos inmóviles para atisbar, al reflejo vacilante de un mechero de gas, los quince centímetros de media que una desconocida descubría en el instante fugaz de subir al estribo de un coche. Esto bastaba para enardecernos, para llevarnos a una tensión nerviosa que nos dejaba incapacitados para nada útil.

Pedro Mata *dixit* en *Una mujer a la medida* (*Novela sexual*).

Más que onírica, era una época de pesadillas. Era la *Belle Epoque*.

La alocada *garçonne* de los felices años veinte

Los primeros pijamas femeninos, diseñados por Lucien Lo-
long en 1927. Foto del Archivo de *Triumph International* en
Munich.

...Toma un aire soñador. Sus palabras
son escuchadas muy cerca de sus labios.
De repente se interrumpe, se le ve apenas
abrir su bolso y, poner al descubierto un
muslo maravilloso, allí, un poco arriba de
la liga oscura...

Nadja, André Breton, París, 1928

Frente al secuestro de la anatomía femenina entre *paniers*, miriñaques, polisones, corsés y enaguas del xix, el siglo xx va a conocer, por primera vez en la historia de la humanidad, el desvelamiento progresivo del cuerpo femenino, en la calle y en la intimidad, en las playas y en los teatros, en las oficinas y en los cafés.

Tras duras y sangrientas batallas, se consigue, ya en vísperas de la primera guerra mundial, la jornada laboral de ocho horas y la aceptación de algunas jornadas de vacaciones para los trabajadores. Mientras tanto, las mujeres de las clases privilegiadas hacía tiempo ya que venían disfrutando de sus vacaciones de cara al mar, y de los deportes al aire libre. El ciclismo, el tenis, la natación y hasta el embrionario esquí, van ganando adeptas que aligeran sensiblemente sus prendas íntimas y externas para la práctica de estos deportes. Las vacaciones y los deportes habían influido, pues, considerablemente sobre la vestimenta femenina.

A todo ello vino a sumarse la guerra. La cruenta, cruel y larga guerra del catorce, catástrofe europea que impulsaría, de paso, la revolución rusa. La guerra de mayor número de deserciones en la historia, la guerra de las trincheras, cuyo aspecto siniestro captó como nadie el director inglés Losey en su implacable film *King and country*, (Rey y Patria), película homenaje a los desertores de aquella guerra que diseñaría una Europa radicalmente distinta de aquélla inconsciente y ridículamente puritana de la *Belle Epoque*.

Sin embargo, la guerra tendría un saldo muy favorable para las féminas: abandonados los campos, las oficinas y las fábricas por sus hombres, en la imperiosa llamada del ejército, las féminas se estrenarían durante los largos cinco años que duraría la guerra en las tareas de organización y responsabilidad. Y no lo hicieron mal. No podían desaprovechar esa oportunidad. Las femenistas empedernidas no cabían en sí de gozo. Ellas dominaban la retaguardia... Su éxito llegó hasta la línea de combate. Los hombres lo aceptaron con ambivalencia: orgullo por un lado, celos por otro. Es más que probable que aquellas innumerables deserciones del frente vinieran dadas también por el miedo al cambio social que se estaba produciendo en retaguardia, y el deseo de volver a «llevar los pantalones» en la casa. Y como ni las labores campesinas, ni las cadenas de fábrica, ni los despachos casaban muy bien con las faldas largas y con aquellos abusos de prendas íntimas, cada año de guerra presenció, admirado, la imparable supresión de las poco funcionales ropas íntimas.

Ya en 1912, y vía América, habían empezado a mostrarse en los escaparates de las lencerías, los primeros sujetadores de la historia, confeccionados con algodón, hilo o seda, y cuyo uso vendría a acabar definitivamente con el imperio del corsé. Los pioneros se colocarán directamente sobre la camisa. Pronto se vio que la camisa resultaba innecesaria. Así, pasaron a cubrir directamente el pecho femenino. Poco a poco se impondrían. La agilidad de movimientos que procuraban, unido a los nuevos y aún más feroces denuestos de las feministas, serían razones de peso para que las nuevas y ligeras prendas invadieran rápidamente los armarios femeninos.

La estética de la época contaba también a su favor: una nueva funcionalidad prima en la arquitectura y el diseño posbélico adopta el plano liso, sin incrustaciones ni adornos, limpio y esbelto. El movimiento de la Bauhaus vino a establecer un paréntesis de sencillez y sobriedad entre las curvas del *Art Nouveau* y las volutas del *Art Decó*. La nueva estética y el diseño filiforme rompían lanzas a favor de una mayor comodidad de las damas. Se diseñaban edificios urbanos esbeltos. Primaba la verticalidad.

Se ha dicho ya que, en la guerra, habían empezado a desprenderse de todo aquel armatoste íntimo. Las que se llevaron la palma fueron, cómo no, las mujeres que participaron en la resistencia frente al alemán invasor. De todas ellas destacaría la aguerrida Louise de Bettignes, que adopta como única prenda íntima un cómodo *maillot* de baño y ceñidos pantalones de lana negra. La necesaria clandestinidad de sus acciones impidió que su gesto fuera más allá y llegara a convetirse en moda. Pero en eso estaban las mujeres, en ganar confort, libertad de movimientos, agilidad y ligereza.

La vuelta de los soldados a sus casas no cambiaría nada. Hay procesos que son irreversibles, y éste lo fue. Por primera vez en la historia de la humanidad, la mujer había mostrado sus tobillos, y la ascensión de la falda no quedaba ahí. Llegaba a las pantorrillas. En 1925 se mostrarían, también por primera vez, las rodillas. La segregación sexual estaba consumada: a partir de entonces, la mujer es la que muestra las piernas en su vestidos, mientras el hombre no parece renunciar, salvo esporádicas incursiones de algunos jóvenes en épocas veraniegas, a seguir cubriendo el vello de sus piernas con púdicos y funcionales pantalones. Con gran dolor y pavor de los fetichistas del tobillo, las damas, al subir las faldas, relegaban sus ilusiones al mundo de los sueños. La realidad tomaba otros aires.

Pero no sólo los cambios afectarían a las extremidades inferiores. Bien cierto que no. Toda una revolución se produce en el seno de la ropa íntima femenina.

Con la paulatina desaparición del corsé desaparecerían también todas aquellas prendas accesorias que habían llenado los sueños de las muchachas de la *Belle Epoque*: el cubre-corsé, aquella camisita sin mangas y bordada, que impedía la visión del corsé bajo cualquier escote, y la camisa, igualmente bordada y ornada con pasacintas, que se ponía debajo del corsé y que, al quedar firmemente ceñida por éste, hacía las veces de sujetador.

El pantalón íntimo, sin corsé que cubrir, se adelgazó, perdió ribetes y encajes, y se redujo al mínimo, anunciando ya la braguita. Las enaguas, aquellas superpuestas y almidonadas enaguas, volaron también al desván de los trastos inútiles. Las faldas pegadas al cuerpo no permitían el paso a más de una enagua. Frontera que, empezando como combinación-pantalón, terminaría desgajándose en sus componentes para dar la combinación y el pequeño pantalón, o pololo íntimo.

Sin embargo, con la supresión del corsé, las medias, que hasta entonces quedaban fijadas a él, se vieron libres. ¿Cómo demonios fijarlas a media pierna? La solución llevó su tiempo. Al fin, se inventó el liguero, prenda ligera y elástica que aseguraba el perfecto estirado de las medias. Nadie sospechaba por aquel entonces que acababa de nacer así una prenda que haría estragos en la imaginación y en los sueños de los jóvenes del siglo xx. Fetiche de fetiches, la proximidad al tabernáculo femenino (en buena ley, la braguita se colocará por encima del liguero), su singular y expresivo diseño van a aupar inexorablemente al liguero como símbolo de los símbolos de la femineidad, el no va más del erotismo íntimo, el estuche calado de la joya secreta...

212

Los felices años veinte... los felices años de una posguerra que se convertiría rápidamente en preámbulo de una nueva guerra aún más dramática, fueron los años de la independencia vestimentaria femenina. Por primera vez, las damas ya no necesitaban del concurso de doncellas, amantes o maridos para vestirse o desnudarse. Podían hacerlo solas. La sencillez y funcionalidad de su «arreglo» íntimo se lo permitían.

Los felices años veinte fueron también los años de las siluetas sin talle, o talle en las caderas, de los pechos lisos, de los cabellos cortos. Ya Poiret, el célebre francés amigo y compañero de Coco Chanel y de nuestro Márbel, había suprimido, en 1906, el corsé a las maniquíes y, en 1908, les había cortado el pelo, acabando de una vez por todas con aquellos peinados babelianos. Todo tarda un tiempo en fijar raíces. Pero, en los años veinte, Poiret triunfaba. Por la calle, en los restaurantes, en las *premières* de teatro y en las veladas caseras, no se veían más que cuellos al aire. La mujer desvelaba su nuca y adoptaba un peinado que, en la época, se llamaría *à lo garçonne* y que hoy conocemos como el «corte de paje». La *garçonne*, con sus cortos cabellos, sus trajes ligeros y vaporosos, sus cómodos zapatos, medias de seda color carne y sencilla y práctica ropa interior, simbolizaba todo un cambio de mentalidad sobre el papel social y humano de la mujer. La prensa galante no le perdonaría este atrevimiento y le obsequiaría con las más feroces caricaturas. Sólo un grupo social y artístico de vanguardia le dedicó un apoyo sin límites: los surrealistas. Los felices años veinte, son también los años de los manifiestos, exposiciones, disensiones y escritos de los surrealistas. «Mujer, eres la imagen misma del secreto», invoca André Breton, quien solemnemente asigna al arte surrealista la misión de «exaltación del sistema femenino del mundo, frente a la inteligencia tipo macho».

El surrealismo era ante todo una manera de *vivir*

la realidad. A tope. Reconociendo sus más íntimos recodos. Disfrutando de sus mágicas casualidades, provocando la realidad para que cumpliera los más íntimos deseos, esos deseos descubiertos al amanecer, en la lucidez de la vigilia aún virgen, que recuerda en un segundo las premoniciones y conjuras de los sueños.

El surrealismo desarrolló y vivió uno de los conceptos que más juego han dado en la historia de las manifestaciones artísticas, el del Azar Objetivo, o sea, los acontecimientos que tienen que suceder, o las personas que uno ha de conocer o amar, inexorablemente, o los encuentros que uno ha de vivir, porque todo en su vida pasada le lleva a ello. El Azar Objetivo, el dominio poético de la realidad, la alquimia hecha lenguaje literario.

El surrealismo supone también una sobrestimación de la mujer. La mujer *sabe*. La mujer *es*. La defensa de la monogamia auténtica, durante todo el tiempo que dure la vida de pareja, esa vida que «pone al ser humano en la situación de trance», y el rechazo del libertinaje por la tremenda *sequedad* que deja y el vacío que envuelve al libertino, son otros rasgos que simbolizan también el distinto plano en que empieza, no a considerarse, sino a vivirse la vida de pareja, la relación hombre-mujer, misteriosa y enigmática que, con tacto y sensibilidad, puede llevar al «amor loco», fuente de toda vitalidad y toda creatividad. Nada más expresivo y natural que la musa de la escritura automática, la musa de Benjamín Peret y de Aragón y de Breton. Una simpática escolar con medias negras tupidas, enaguas que enmarcan la falda, cuello de polea y mirada extraviada y extática. Nada más expresivo tampoco que la famosa fotografía de Man Ray: un cuerpo esbelto y firme, desnudo, de mujer, velado por un encaje onírico que realza su carnalidad y define su figura. Fotografía que simboliza el amor de los surrealistas por lo equívoco, lo ambiguo, el velo, el misterio, el maquillaje, los ropajes, los objetos simbólicos. Así, el tema del eterno fetichismo en relación a las prendas íntimas femeninas dará pie a la creación de innumerables *objetos*, objetos divertidos y llenos de trucos a que tan aficionados eran los surrealistas. Como el corsé tabaquera del Museo de Štugartt, la cuchara-zapatito de la Cenicienta, o el zapato de Dalí en que en uno de sus jugosos juegos hace zambullir un terrón de azúcar que aparece suspendido de otro zapato más pequeño y de un espejo que refleja un grabado erótico.

La mujer, sus prendas, lo que se pone y lo que se quita, su peculiar manera de entrar en los cafés, de tropezar en las calles, de mirar y de adornarse es fuente inagotable de escritos, cuadros, esculturas, objetos y películas surrealistas, donde se rinde un cálido homenaje a ese ser que ya no tiene ese aire ausente y secuestrado de principios de siglo y que, por el contrario, empieza a desvelar la incógnita de su sensibilidad, su frescura y su cordialidad cuando la dejan vivir y la dejan hacer. En paz. Sin corchetes físicos ni verbales.

Sí, las felices y alocadas damas de los años veinte, debieron mucho de su felicidad a la complicidad alegre y divertida de los surrealistas. Esos seres quienes, como Breton, se pasaban la vida enamorados del amor, reviviéndolo una y otra vez en distintas criaturas, buscando, siempre buscando *la* que *le* estaba *destinada*, la que hacía comprensible todas las derrotas previas, la mujer maga que les abría al trance, al éxtasis y a la creación. Breton la encontró en Elisa: «Sabes muy bien que, al verte por primera vez, te reconocí sin vacilar...». Y, así, después de *Nadja*, *El amor loco*, *Magia cotidiana* y *Los pasos perdidos*, libros todos ellos que revelan una ausencia dolorosa, pudo escribir, ya en 1947, *Arcano 17*, el mejor homenaje a la complicidad hombre-mujer, complicidad vital y sensorial que acaba con las falsas divergencias y todas las neurosis, y entusiasma al ser humano que revive así el eterno mito del hermafrodita primitivo, del ser íntegro.

215

Y es que toda la época tuvo también algo de hermafrodita. Porque, si la mujer *à lo garçonne* aparece como una línea filiforme, sin curvas, ni sinuosidades, como un efebo, el hombre también desarrolla en la época un gusto por el adorno, la elegancia del diseño y el mimo en la elección de sombreros, bastones, zapatos y trajes que le dan un aire ambiguo y hasta coqueto, bien lejos de aquellas espartanas sobriedades de la época victoriana.

La música en boga también lo favorece: el jazz, originario de los vitales negros de Nueva Orleans. Jazz de ritmo ambiguo, indefinido y vibrante, que se impone en las salas de baile y se baila, juntos, muy juntos («agarrado» traducen en español) y que concentra toda la atención de los trajes femeninos en esas espaldas que se mueven rítmicamente, espaldas de un delantero que no se ve jamás, no sólo por la moda «pecho liso estilo tabla de lavar», sino por la estrecha fusión con el *partenaire* de baile. Reconozco que siempre me sorprendió mucho, cuando veía diseños de Erté para «Harper's Bazaar», o de Leo o Fontan en «La Vie Parisienne», la profunda inmersión en la cintura, y a veces hasta la cadera, de esos escotes profundos, en uve, que dejaban toda una espalda liberada, por primera vez, de corsés y ballenas, al descubierto. Un buen día, leyendo un libro sobre los orígenes del jazz, entendí de golpe el porqué de concentrar la atención en la espalda de la dama. Era lo único que se mostraba al respetable público que, lánguidamente sentado en su silla, saboreaba su copa de coñac, o su buen burdeos, gracias a la buena costumbre francesa de servir vino en las salas de baile.

Y, en este mundo fresco, ligero y joven va a contar mucho el simbolismo de los colores. Hasta entonces, las prendas íntimas se movían entre el blanco, el negro y, muy esporádicamente, el rosa. Ahora, vivimos en pleno reinado del rosa en particular y de todos los colores pastel en general, el azul celeste, el salmón, el amarillo-té. La ropa interior gana ligereza en los tejidos y en el color. A partir de entonces (simbolismo que incluso ha perdurado hasta hoy día), el color negro se reservará a las *cocottes*, a las muchachas de vida alegre, mientras que, en el equipo de la dama, privan una sencilla y confortable lencería interna, en colores pastel, de tejidos agradables, como el lino y el algodón y, para las privilegiadas, la seda, que prácticamente hasta 1939 permanecerá inconmovible: viso o combinación, sujetador, liguero, medias y braguita.

La combinación, de seda, algodón o lino, nace al escindirse en dos la combinación pantalón de mediados de los años diez; es ligera y cubre desde la media piezan a subir tímidamente las faldas, y a suprimirse el corsé, las medias se sujetan con ligas, justo encima de la rodilla. Las ligas, bordadas y ornadas —literalmente— de peso, siguieron usando los constrictivos corsés. El liguero combina, en esta época, con las ligas. Digamos que, en principio, cuando empiezan a subir timidamente las faldas, y a suprimirse el corsé, las medidas se sujetan con ligas, justo encima de la rodilla. Las ligas, bordadas y ornadas con pasacintas, se enriquecían frecuentemente con variadas inscripciones. El Museo de la Indumentaria (colección Rocamora) de Barcelona, contiene una exposición insólita. Se trata de la mayor recopilación hasta la fecha de ligas femeninas confeccionadas en Francia y España. Muchas de ellas están grabadas. Veamos: «De tu jardín hermoso soy jardinero celoso.» «*C'est pour la vie que je me lie.*» «Quien te regala esta liga/te diera toda su vida.» O un lánguido: «*Pensez à moi...*». Pero ninguna de ellas tan expresiva, ni tan frescachona como la bordada a tosca aguja y que inscribe: «Viva mi dueño», en un par de ligas de punto, de seda rosa carmíneo y decoración en oro a base de temas florales, con borlas de pasamanería y lentejuelas de espejo.[1]

1. Sugiero vivamente el paseo por dichas instalaciones, verdadera dicha para los amantes de la estética a través de los tiempos.

A partir de 1928, las medias suben más arriba, justo hasta la mitad de los muslos y se acompañan ya desde entonces del liguero. Anotemos que, en 1925, los figurines de moda de «Vogue», «Harper's Bazaar», «La Gazette du Bon Ton» o «La Vie Parisienne» desvelan las rodillas femeninas, lo que explica también el afianzamiento del liguero.

Las medias, como los zapatos, cobran gran importancia al descubrirse. Las medias son de seda y, más modestas, de algodón. Las antiguas medias de hilo blancas van desapareciendo. El color que se impone es el color carne, por un deliberado intento de imitar la desnudez de la piel y semejar las piernas desnudas de las chiquillas. Para las frioleras, y París está lleno de ellas, se inventan unas medias de lana también color carne que se colocan bajo las de seda. Pero, al abultar demasiado la pierna, son rechazadas.

Los pantalones íntimos, bordados y festoneados, van desapareciendo gradualmente a favor de una prenda, en origen infantil y que, por su comodidad y funcionalidad, va a escalar la pierna adulta. Se trata de las braguitas de algodón o lino «Petit Bateau», la primera firma en lanzar al mercado estas braguitas. Las madres las aceptan felices. También por primera vez en la historia, algo directamente ligado al abdomen protege éste del frío, de los cólicos intestinales y de los imprevistos *coups de vent* que vimos «galantemente homenajeados» en las tabaqueras y grabados del XVIII.

Y de los pantalones íntimos, como era lo suyo, se dio el salto cualitativo a los pantalones exteriores. **La excusa, como siempre, fue las nuevas labores derivadas del «éxodo» de los hombres a los frentes.** Si a esto se añade que el incipiente esquí, que causaba estragos entre la población femenina, y el ciclismo sugerían el uso del pantalón, no resultará chocante que la *garçonne* de los veinte se atreviera a salir con ellos a la calle, aunque recibiera más de un silbido despreciativo. Pero, ¿qué le importaba a ella si iba caliente y, además, «fumando espera al hombre que más quiere», etc. Porque también el tabaco se consideraba «placer» de la intimidad y estaba absolutamente mal visto que una mujer fumara en público, y menos, ¡desvergonzada!, por la calle.

Si el tabaco era atributo de la intimidad, con Coco Chanel, modista de modestísimos orígenes, pero dotada del olfato de los genios, el perfume también adquirirá rango de «prenda íntima». Cuando dos muchachitas americanas le preguntaron dónde podían ponerse el perfume, Coco no pudo ser más expresiva: «Donde quieran ustedes que las besen». Bueno. Luego, hemos sabido que Marilyn Monroe no usaba para dormir ni camisón, ni pijama, ni camiseta, ni nada. Simple y sugestivamente se ponía Chanel n.° 5.

Coco Chanel fue una de las «culpables» de la liberación femenina en lo que a libertad de movimientos se refiere. En su época, se tuvo la posibilidad de aunar, por primera vez, elegancia y confort. El traje sastre de Mlle. Chanel evidenciaría mejor que ninguna otra prenda lo calado que tenía esta inteligente dama *l'air du temps,* el espíritu del siglo. Nada le horrorizaba más a Chanel que la «parálisis» de movimientos que manifestaban las mujeres de su infancia. Y se propuso superarla radicalmente:

Todas aquellas mujeres iban mal vestidas, embutidas en fajas «Parabère», que hacían resaltar su talle, con la figura tan apretada que parecía que fueran a partirse por la mitad. Cargadas de adornos, las actrices y las *cocottes* eran quienes marcaban la moda, y las pobres damas del gran mundo las seguían con pájaros en los cabellos, postizos por todas partes y con vestidos que se arrastraban por el suelo para recoger el fango.

Testimonio que, por supuesto, pertenece a la *Belle Epoque,* o momento en que transcurre la infancia de Coco Chanel en un hospicio. Testimonio que por otra parte difiere poco del de Jean Cocteau, quien veía así a la bella Carolina Otero:

Una verdadera panoplia de lentejuelas, de joyas, de corsés, de ballenas, de flores y de plumas guarnece ese magnífico coracero del placer. La veis avanzar sola. ¡Pues no está sola! Jamás avanza completamente sola, pero el importante señor que la escolta ha sido siempre una sombra, una sombra calva, con monóculo y frac. La sombra en frac sabe cuánto cuestan sus sombreros de fieltro y sus castañuelas. Pretender mantenerla equivale a administrar un inmueble. Su desnudamiento debería revestir la importancia de una mudanza. ¡Otero! ¡Mirad cómo exhibe su bello pecho de piel de España! ¡Mirad cómo mide a sus colegas con una mirada de Minerva en sus ojos erizados de pestañas! ¡Mirad cómo lanza sus negras llamas! ¡Mirad cómo desafía a los toreros!

Y, sin embargo, había todavía gente que tenía nostalgia de *La Belle Epoque*. Gente que añoraba aquellos lentos y suntuarios *Couchers d'Ivette*, verdadero muestrario de la rica envergadura íntima de aquella época en que las damas parecían goletas en alta mar. Y tenían también nostalgia de aquellos piececitos cubiertos que hacían volar la imaginación, presumiendo formas de tobillos y pantorrillas, naturalmente imposibles. Y se negaban a presenciar el siguiente paso de los *couchers d'Yvette*, al *strip-tease*, el rápido y fugaz *strip-tease* de los cabarets de Pigalle, zona que inicia por entonces su especialización en este tipo de «negocios». Y, aunque Saint-Laurent piense que la rapidez con que sucedía todo era ya de por sí un potente afrodisíaco, empezando por la facilidad con que las damas se desembarazaban del slip (del inglés *slip*: deslizar), empedernidos melancólicos se niegan a aceptar tales aberraciones y se las ingenian para convivir con damas que, como ellos, siguen dando culto a las fastuosas lencerías de antaño.

Esta nostalgia impregnaría también la vida y la

obra del extraño y fascinante surrealista Pierre Molinier, quien no sólo confecciona *objetos*, como muñecas a las que viste con las más eróticas prendas íntimas, sino que, travestí decidido, se hace magníficas fotografías vestido él mismo con ligueros, medias negras, corpiños y minúsculos slips en un divertimento insólito e íntimo que ha dejado una exótica colección de fotografías, de las cuales Luis G. Berlanga posee cantidad y que merecerían una pronta publicación.[2]

Los surrealistas llevarían muy lejos este culto a la intimidad femenina cuando, con ocasión de la Exposición Internacional Šurrealista de 1959-60, se celebró un festín inaugural en que la mesa, o altar, del convite era el cuerpo de una maniquí sobre el que Méret Oppenheim fue colocando cuidadosamente las distintas partes del menú. Testigos presenciales me han confirmado que la maniquí no sólo estaba despierta durante el acto, sino que hizo luego sorprendentes declaraciones sobre las sensaciones que experimentaba durante el acto de «simulado canibalismo».

En los años treinta, soplarían otros vientos. La progresiva alza del nazismo en Alemania traería consigo la bajada de las faldas hasta los tobillos. Mientras, se establecía una feroz distanciación entre la vida pública y la privada. La película de Bob Fosse, *Cabaret*, localizada en la Alemania de 1933, da cuenta del valor erótico por excelencia que alcanzarían los ligueros. Tema que vuelve a rememorar Visconti en *La caída de los dioses*, en la que se escenifica la noche de los cuchillos largos, noche en que se han

2. Muerto Molinier recientemente (1900-1976), su pintura y su obra está siendo objeto de constantes homenajes en París, al mismo tiempo que un editor suizo, Bernard Letu, ha publicado un expresivo álbum en color de sus dibujos y fotografías titulado: *Molinier*. También Editions Borderie, en su colección «Images Obliques» publicó, en 1979, un espléndido libro titulado *Cent protographies érotiques* de Molinier.

sucedido todo tipo de orgías de travestís, ataviados con el mayor de los fetiches para un soldado: el liguero. Calurosa noche de julio de 1934, en que los jefazos de las S. A. (Secciones de Asalto) fueron asesinados, pasando el dominio de las calles a las S. Š. (Secciones de Seguridad).

Mientras tanto, la prensa galante de la época no hacía sino reflejar en sus ilustraciones y artículos el decidido cambio de forma de ser y estar femenino. «L'Assiette au Beurre» sigue cosechando éxitos; «Le Rire Rouge», nacido en 1914, se transforma en «Le Rire», «Fantasio», nacida en 1904, continúa su trayectoria, al igual que la inigualable «La Vie Parisienne», donde, desgraciadamente, la genial pléyade de ilustradores ya citados han ido desapareciedo o perdiendo facultades. Salvo Hérouard, quien, con Maurice Millière, sigue dibujando la mujer carnal y sensual hasta las chinelas y en cuyas ilustraciones las superficies que dejan las prendas íntimas están estudiadas al milímetro para conseguir esa gracia y descoco inimitable que aún conservan sus diseños. Mientras tanto, en la América desconocida, donde han logrado implantarse con éxito «Vogue» y «Harper's Bazaar», se revela un dibujante, legítimo heredero de Hérouard, llamado Vargas, que durante 45 años, del 25 al 60, triunfaría estrepitosamente con el dibujo de la nueva *pin-up* americana, siendo el único continuador de aquella curva sensual que dominara la ilustración de la *Belle Epoque*. Pero Vargas y Hérouard serían una excepción. Lo típico es la mujer estilizada, desenvuelta, angulosa, hierática, plana, exageradamente filiforme de dibujantes como Armand Vallée, Charles Martin, Erté, Leo, Fontan, o Leonnec. Mujer esquiva, distante y despótica que señala el nuevo mito de los años veinte: la actriz sueca Greta Garbo. Actriz de amplia boca, hombreras, pecho de adolescente, frágil talle y caderas estrechas, largos tobillos y grandes pies, que cultiva un aire distante de diosa que apenas toca tierra, salvo para fulminar con su mirada olímpica.

Mito bien distante del de los años treinta y cuarenta, la deportiva y alegre Katherine Hepburn, quien impone los suéters, los zapatos cómodos y los *pullovers*. Mujer de amplia sonrisa y un algo entre infantil y adulto, un algo de mujer-niña que conmueve a los surrealistas. La nueva mujer esbelta, ágil, decidida, peligrosamente emprendedora y, sobre todo, amante de la independencia.

En 1900, la ropa interior era abundante e invisible. En 1914, se aprecian ya los encajes y festones. En 1918, las mujeres enseñan los tobillos; en 1925, las rodillas. En 1930, se impone una línea simple, sin cortes ni pliegues, fácil de imitar y una línea que incapacita la menor intuición del *status* social de su propietaria por la sencillez y popularidad de su corte; una línea estilizada, sin talle y sin marcar el pecho; una línea que pide medias bien ceñidas y sujetas por el liguero, con cómodas braguitas protectoras; una línea, en fin, que parece ir preparando a las damas a su próximo papel de organizadoras de la vida de retaguardia, como lo habían hecho ya sus madres; línea ceñida al cuerpo, natural y sin falsos rellenos, ni encajes, que empujará definitivamente a la mujer a las grandes revoluciones vitales y técnicas de los años cincuenta.

Gabrielle Dorziat, célebre actriz de los años veinte, oyó hablar así por primera vez de Coco Chanel: «En la rue Saint Honoré hay una modista muy chocante». Coco Chanel quedó encantada del término. Ni ella misma sabía entonces que su «chocante» línea, elegante y sencilla, superaría el cruel intervalo de una nueva guerra mundial y llegaría hasta nuestros días.

A veces, lo chocante es sólo cuestión de tiempo...

Del corsé a las mujeres libres

Fotografía realizada por Horst en 1939 para el *Vogue* americano.

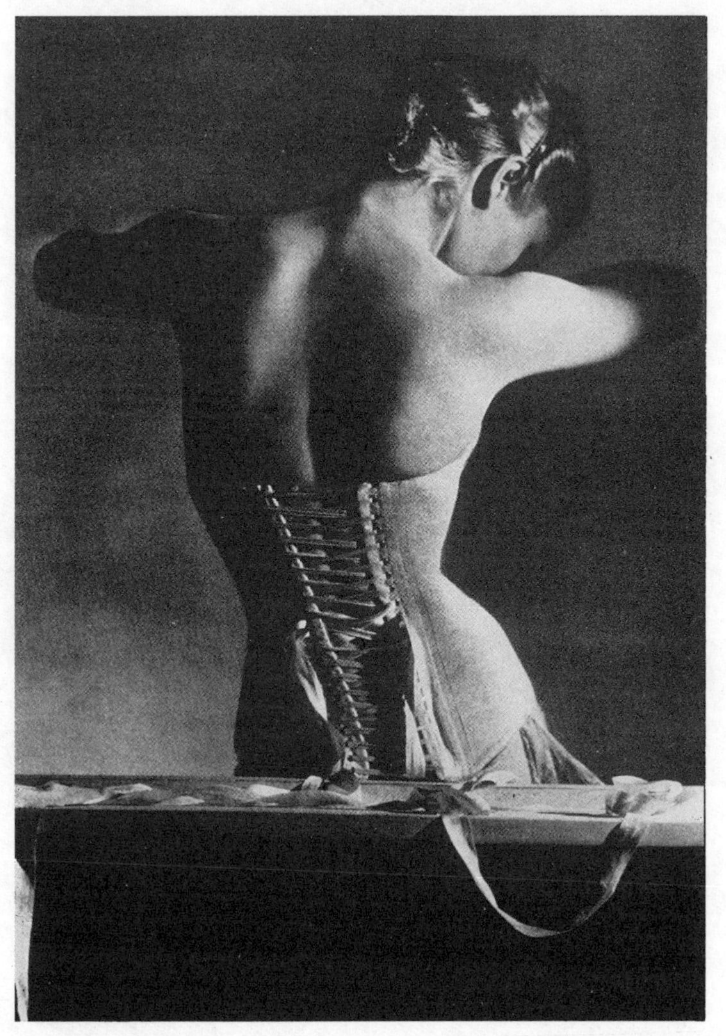

—No podría mentir tu rostro limpio de pintura.

—La pintura afea a las guapas y horroriza a las feas.

—Eres una mujer libre a lo que veo.

—Aspiro a ser mujer sin más objetivos.

—¿Esperas la libertad femenina del apoyo masculino?

—No. De mi propio esfuerzo.

—¿La mujer es igual al hombre?

—La mujer es mujer y el hombre hombre. La mujer debe ser cada vez más mujer y el hombre más hombre.

De una entrevista a una modistilla hecha por una agrupación de «Mujeres Libres» y publicada en «Ruta», 24 de junio de 1937.

¡Menuda marcha cobraba el siglo en España nada Nada menos que en 16 años, menos de una generación, se viven cuatro acontecimientos históricos trascendentales para el devenir de la sociedad española.

—1923: suspensión, con acuerdo de Alfonso XIII, de la monarquía constitucional e instalación de un Directorio Militar presidido por el general Primo de Rivera (*ma secondo di Mussolini!*).

—1929: caída de la Dictadura. Muerte del general en París, exiliado, en 1930.

—1931: elecciones generales. Victoria de los republicanos. Alfonso XIII deja el país sin renunciar por ello a sus derechos al trono. Proclamación de la II República.

—1936: revuelta militar de los generales Sanjurjo, Franco, Mola y Queipo de Llano, apoyados por los monárquicos, los católicos y los falangistas de José Antonio, además de Alemania (El Condor pasa), e Italia y Portugal. En febrero de 1939, Inglaterra y Francia reconocen el gobierno de Franco. En abril, lo hará Estados Unidos. La guerra en España ha terminado. La guerra en Europa ha empezado.

Sí, en tres lustros, España pasa de general a general, y a nadie, que no sea de su cuerda, le toca jugar.

En fin. Demos un repasito atrás. Nos habíamos quedado en que, al calor de la liberalidad alfonsina, habían proliferado, como setas, las revistas galantes, la novela erótica y la prensa femenina. Malos tiempos vendrían después y había que almacenar como hormiguitas para un invierno que se anunciaba largo largo. Sin embargo, según cuentan testimonios y crónicas de la época, no fue tan fiero como lo pintaban aquel general, y, a los dos años, no le tocaba más remedio que contemporizar con los civiles, otorgarles puestos y hasta nombrar ministro de trabajo al socialista Largo Caballero.

Por eso, las femeninas féminas españolas vivieron como sus homónimas francesas los cambios de rumbo íntimos y, como ellas, se despojaron de corsés y ciñeron su liberada intimidad con jugosas prendas suaves y transparentes, envueltas todas ellas en sugestivas combinaciones que, a tenor de los diseños de la época, reinaban esplendorosas en la imaginación de los ilustradores de la prensa galante.

La prensa no especializada se ocupaba también, y con enorme gracia a veces, de los nuevos aires femeninos. Así, «Blanco y Negro», revista surgida en torno al «ABC», o «La Esfera», que en 1925 publicaba un expresivo artículo con ilustraciones de Roberto y texto de Antonio G. de Linares:

LAS NUEVAS CHICAS DE MADRID

Madrid cambia muy deprisa... Quizá por ser tan rápida no suponga la transformación una mejora siempre... Vean ustedes los «rascacielos» que en la clara atmósfera castellana y alzando su inútil esfuerzo sobre un campo de solares baldíos, no son ya audacia, sino caricatura de la ambición...

Con Madrid, cambian también sus mujeres, las verdaderamente suyas, las que habían resistido a toda influencia extranjera y guardaban para su belleza típica el atavío tradicional: peinado bajo, blusita de seda, chal de flecos, zapato de charol; las que sonreían con olímpico desdén al ver pasar las señoritas disfrazadas conforme a la última extravagancia de París.

Chicas del barrio de Salamanca, muy Place de l'Opéra, con la ropa ceñida y corta, la nuca rapada, los labios ensangrentados por el carmín, los ojos ensombrecidos por el *crayon*, y ese andar ondulante, felino, ritmado por el juego de las caderas como una danza oriental, que adoptan las mujeres para parecer más mujeres aún de lo que en realidad son... Pasan deprisa por entre los grupos de hombres solos, por entre esos grupos que, en la aridez de la vida castellana, son como los cactus del páramo, hirientes y espesos... Un requiebro, una estupidez, a veces una procacidad, es todo lo que la gracia de la mujer deja atrás... Y la chica del barrio muy Place de L'Opera, la chica que no es a las veces sino la hija de una portera o de un zapatero remendón, parece de esta suerte una dama a la que osan lacayos que a las veces no son sino hijos de familia tenida hasta ahora por buena...

Chicas de la Glorieta de Bilbao, chamberileres de melena corta, familiarizadas con el *écharpe*, con el vestido-camisa y con la libertad muy deportiva del cuerpo emancipado del corsé, nietas de las manolas y tan distantes de sus abuelas que el torero de cartel no las seduce ya, y que la verbena las deja indiferentes, porque todos sus entusiasmos son para el futbolista de fama y para la última película de Fairbanks o de Chaplin, modistillas, mecanógrafas, chicas del Metro, *vendeuses* de grandes almacenes, mujercitas que ganan su vida y que han puesto coto a las tiranías de la madre y del novio. Ellas son el alma del Madrid que trabaja. Ellas son la alegría de la calle...

La alegría de la calle. Alegría que ejerce de modistilla, de vendedora, de taquillera o de «meca» (¡y qué trabajos se buscan las mujeres!), estrena nuevas libertades, que jamás imaginaran sus abuelas, tras su espectacular «huelga de corsés».

Sí. La mujer que se anuncia en los años veinte recuerda ya la figura humana. Ha recobrado movimientos humanos. Es, por fin, un ser humano.[1] Y la literatura y las artes plásticas se llenan de júbilo y saludan alborozados el advenimiento de esa nueva mujer, esa hembra llena, formada y firme, que aparece pletórica de sano orgullo en las esculturas de Josep Clará, en sus figuras genéricas «Juventud» o «Pujanza» (nueva versión de 1929 de su figura de Diosa, creada en 1909), versión plástica y tangible de la mujer arquetípica descrita por Eugenio D'Ors en *La Bien Plantada*, o pintada por Xavier Nogués en su goyesco cuadro, de igual nombre, donde una mujer se eleva sobre las insidiosas miradas de pequeños mentecatos, estrechos de mente que la observan con furor.

Y nada más que alegrías se podían esperar del cambio de régimen y consiguiente proclamación de una república que se apresuró a reformar denigrantes artículos del Código Civil y a dejar abierta la vía del divorcio. Mas tampoco sería tan fiera como la pintaban los pacatos de siempre. En 1931, y al calor de las nuevas libertades, ve la luz por vez primera una nueva revista galante, cuya fórmula haría fortuna y sería largamente imitada: «Miss», que, con la colaboración de redactores como José Bruno, Libo-

1. *Humano demasiado humano*, bien lejana a aquella otra nietzscheana inscripción *Ecce Mulier*, del «Fru-Frú» de abril de 1904 en que aparece «crucificada» una rellenita parisina ornada de corsé, jubón, pantalones, ligas y espesas medias negras.

rio Lacomba o Luis de Alcazar y de espléndidos dibujantes como Ribas, Penagos, Mirko, o Mel, volvía a reproducir, aún con mayor libertad de lenguaje, las viejas fórmulas de la coquetería de pareja y los viejos esquemas de acercamiento al desconocido mundo femenino. Lo que no invalida el hecho de que «Miss» y su precoz hija, «Chic», nacida justamente once meses después y al exótico precio de treinta céntimos, gozaran de merecida fama de revistas divertidas, satíricas y atrevidamente sensuales.

En octubre de 1932, la revista «Chic» se presentaba en sociedad como «la mejor revista de España y autonomías adyacentes» y se descolgaba con el siguiente editorial-banderín de enganche:

LUCID LOS SENOS

Parece que las nenas vuelven sobre su absurdo acuerdo anterior y comprenden al fin que los senos son uno de los méritos que hacen a la mujer más bella y más mujer...

La moda de la tabla rasa cuenta ya con muy pocas adeptas. Esta moda indudablemente la ideó alguna modista seca como una escoba o, peor aún, algún seco modisto de sexo indefinido.

La mujer hace algunas temporadas comenzó a tomar unas actitudes un tanto inquietantes: vistiendo como hombres, fumando, lanzándose a los empleos burocráticos y estilizando sus formas, haciendo recto lo que siempre fue curvo, nos alarmaba ya a los adoradores de la estética femenina.

Y no tiene la mujer derecho a desfigurarse, a contradecir sus naturales perfiles.

No. Porque ofende a la naturaleza y porque ofende al hombre.

La mujer no es propietaria de su cuerpo.

Si esta ley no figura en los Códigos, se halla sin embargo consagrada por una práctica milenaria, y el lenguaje corriente nos da la prueba: la mujer misma no tiene inconveniente alguno en convenir con esto cuando dice a su enamorado: «Te pertenezco... soy toda para ti...»

También es milenaria, descendiendo al detalle, la admiración que el hombre manifestó siempre por los senos de la mujer. Bien lo sabe ella.

De modo que, al escatimar los senos de nuestra vista, nos merman a nosotros un derecho.

Deben saber ellas que lo que se tiene se luce, y la que no lo luce no merece tenerlo.

Mas ya vemos que nuestras mujercitas son sensatas y así durante el verano, especialmente, hemos podido examinar los amados relieves de nuestras más o menos reales pertenencias...

El seno, queridas lectoras, es el alto delicioso, el buen albergue donde el amor toma fuerzas para el viaje... Es el fruto del árbol de la Ciencia del Bien y del Mal. Es, toda cálida y palpitante, la paloma del Arca, que anuncia el fin de la tempestad amorosa y el principio del buen tiempo. Es la colina desde la que se divisa la tierra prometida. Es... ¿qué más diríamos? Es... así de blanco, de suave y con el rosado pico, la oca, la verdadera oca... Y después de la oca, hoy por hoy, no hay ya ni la caraba.

Lucid los senos, ricas.

Pues sí, así de «autónomo» y de contundente se manifestaba el editorialista del año de gracia de 1932. Con una republiquita bebé, de un año de edad, y con pocos, realmente pocos, cambios en la vitalidad y en las mentes, donde suelen incrustarse imágenes y costumbres a quienes poco transforman pretendidos cambios radicales políticos. Hay cosas en la vida, cosas vitales, que decididamente no pasan por el parlamento.

Y seguían las mismas metáforas «golosas». Ahora se juega con la oca, bocado exquisito y exótico por excelencia en España. Antes, era el melocotón o el polvorón. Imágenes gastronómicas que aluden a la escasez generalizada de la época, por un lado, y al deporte rey de las calles por otro: el de los mirones de tiendas de lencería.

En el *ghetto* de Montera y Carretas anidan las principales tiendas de lencería madrileñas. Tiendas que cultivan una especie de corsetería ortopédica con astutos huecos que la calenturienta imaginación de los mirones urbanos se apresura a rellenar convenientemente. Eran éstos, ante todo, los espectáculos gratuitos y multitudinarios de la época.

Las lencerías finas, de lujosos y exquisitos escaparates, donde se sugerían los diseños que las damas podían encargar a medida, optaban por instalarse en barrios más aristocráticos y selectos como el barrio de Salamanca. Así, por ejemplo, la corsetería francesa «La Jouvence», en Claudio Coello 3, proveedores de la Casa Real hasta el exilio de la Reina Victoria y lugar de cita de las damas de alta alcurnia que pasaban tardes enteras seleccionando tejidos y formas para sus estudiados conjuntos íntimos.

«Miss» y «Chic» se repartieron la clientela femenina y masculina de los años de la República. Con similares redactores, variaron más las ilustraciones de una y otra. Mientras «Miss» utilizaba reportajes gráficos de la incipiente fotografía y reproducía eróticas postales de la época, «Chic» basaba toda su ilustración en el decidido y expresivo trazo de sus dibujantes, herederos de la mejor tradición impuesta por las ilustraciones de «La Vie Parisienne». Ilustraban «Chic» exclusivamente los dibujantes Fersal, Moliné, Esteban y Mel. Los *deshabillés* de Moliné gozarían de gran éxito. Solía presentar el dibujante a sus heroínas envueltas en sedosas combinaciones que descubrían, por fugitivos tirantes, desnudos pechos y pequeños pantaloncitos, atados en los costados por sendos lazos. Las piernas, bien contorneadas son de vital importancia para el sensual trazo de nuestro dibujante. Ceñidas medias de seda, con costura naturalmente, alcanzan la mitad de los muslos donde se adhieren con bordadas ligas. Moliné repetirá en sus ilustraciones el socorrido tema de la pulga, que, atisbada momentos antes de salir, provoca un brillante *deshabillé* hasta conseguir cazar a la maldita... Es singular el que jamás dibujara los nuevos sujetadores de fibras elásticas que hacían furor en la época por su comodidad. Quizá los considerara impresentables. Cualquiera sabe... Singular también el repetido tema de los encuentros entre damas que se acarician y observan mientras se cuentan inventadas o verídicas historias sentimentales. Tema que se repite en una intimidad harto sospechosa con las criadas.

Las heroínas de estos dibujantes son tan ligeras de ropa como de lenguaje. Parece ser que esto privaba, y hacía vender la revista. Así, la portada del número 12 de «Miss» de enero de 1932, en que Mel presenta a una jovencita en suave combinación gris marengo, quien, observando sus alegres formas en el espejo, proclama extasiada: «Cuánto más me miro, más feo me parece mi marido». En el número 16, de febrero, será Esteban quien dibuje un insólito tablado flamenco, donde lo que más viste el cuerpo es la solemne peineta que bordea los cabellos mientras la airosa fandanguea: «Bueno. Tengo un cuerpo... ¡Que me río del de guardias de asfalto!». O el intimista dibujo de Ribas, en el número 1, de octubre de 1931, en que una dama, vestida a la sazón con sucintas medias y más sucinta, aún, combinación, se pone elegantes zapatitos mientras declara nostálgica: «Hoy me siento tan romántica que soy capaz de amar a un hombre hasta de balde...». Otras veces es la indumentaria masculina la que origina sorprendentes reflexiones, como la muchachita de René Giffey, quien, bajo su campestre pamela que preserva sus endiabladas piernas de los maléficos rayos solares, se dirige desenfadada al caballero, quien, con amplio *pullover* y amplios pantalones, la contempla: «¡Ay, hijo, la moda de vuestros pantalones no me gusta!». «¿Por qué?» «Porque así no se les ve a ustedes el estado de ánimo.»

Hay que retener que lo que cobra más importancia, a los ojos de estos dibujantes en plena República, son las piernas femeninas, homenajeadas una y otra vez en sugestivas poses que desvelan las bien veladas formas de tobillos, pantorrillas, rodillas y muslos, siempre bien coronados por espléndidas ligas, o ceñidos ligueros, que se abren en los costados con ayuda de innumerables corchetes. Medias y ligas son, pues, las reinas de la fiesta. Lo que no impide que esporádicamente, y sobre todo «Miss», ofrezcan cuidados diseños de ropa interior para sus lectoras, que contienen todas las prendas íntimas al uso de la época.

De toda la pléyade de dibujantes galantes destaca el trazo firme, sin contemplaciones y hasta despiadado de Penagos, el más famoso de todos ellos. Sus heroínas siempre tienen algo de angustia vital kierkegaardiana, y sus pretendidos chistes son ante todo una visión desesperanzada de las relaciones humanas, realista y hasta cínica, sin los regustos galantes de sus compañeros. En el número 2 de «Miss», será la imagen de la dama abandonada (y vestida hasta las cejas) quien recuerda amargamente: «Me juró que me sería fiel como un perro. ¡Y si no fuera por mi perro...!». O la correspondiente al número 4, de diciembre de 1931, en que una pareja (tirantes él, incierta combinación y anchas ligas ella) le da pie para una realista composición titulada «La carestía de la vida»: «Noto que ahora estás más fría que antes». «Pues te quiero igual. A menos que sea... por**que... como me das veinte duros menos...**» Por no citar la dura estampa de otra pareja, bien trajeado él, en tímido *deshabillé* ella, donde, por el tirante de una combinación relajada, asoma un seno izquierdo vagabundo y de la pierna derecha encogida rebasa un triste clip de liguero: «¡Mísera! ¡Decías que yo era tu solo amante!... ¿Quién era ese hombre?». «¿Hombre? No, no. Era mi marido.»

En 1934, y en plena revolución de Asturias, un irlandés recorría ufano el norte de España y escribía sus más íntimas impresiones en un importante libro, *Aventuras de un irlandés en España*. Walter Starkie se llamaba el caballero. Una tarde de verano, y en el costero pueblo de Motrico, llega a un famoso café donde, según las malas lenguas, despachan las tres muchachas «más insolentes» de la costa vasca. Este fue su relato de «Las tres muchachas de Motrico»:

Eran ciertamente plantas exóticas en este pequeño pueblo pescador, pues estaban vestidas de tan llamativa manera que recordaban más a *midinettes* parisinas que a hijas de pescadores. Sus rostros estaban abundantemente empolvados y con *rouge*, sus labios exageradamente pintados. Sus blusas estaban escotadas en uve, dejando al descubierto sus blancas gargantas, sus vestidos eran cortos y, como estaban sentadas con las piernas extendidas, pude contemplar una hermosa vista de pulidas medias de seda, ligas rosas y crespón de seda con puntillas.

Lucas y yo nos sentamos en una de las mesas de la terraza y esperamos a que una de las tres nos sirviera vino: pero esperamos en vano, pues ninguna de las tres volvió la mirada hacia nosotros.

—Siempre hacen lo mismo —me dijo Lucas—. Parecen princesas que desean afirmar su autoridad, pero, cuando alguien les es simpático, no son orgullosas. Su padre es patrón de barcos de pesca y se pasa la vida en el mar y, desde que murió su madre, las tres muchachas hacen su vida y no hay quien las pare.

—¿Por qué no se casan, Lucas?

—¿Con quién? Ninguno de los jóvenes pescadores de aquí se atrevería a llevar a una de estas mozas pintadas a casa de su madre. Además, son demasiado delicadas y, ante un hombre vestido de pescador, harían un gesto de displicencia y, poniendo su mano en la nariz, dirían: «¡Uff pescado, uff pescado! Lo huelo». Fíjese; una muchacha así, casada con un hombre que apesta a pescado, y el pobre hombre se marcharía avergonzado.

—¿Qué quieren entonces?

—¡Santo Dios! ¿Qué han de querer? Al señorito elegante de la ciudad, con pantalones planchados y cuello alto. Su ideal sería ir a Bilbao y pasar los días allí con un novio temporero, para lo cual no tendrían inconveniente en robar el dinero a su padre. Pero no se atreven. La revolución se les ha metido en la cabeza e imaginan que las mujeres ahora tienen derecho a hacer cuanto les venga en gana. Usted las oirá ahora hablar de amantes y divorcios y diabluras por el estilo que nunca entraron antes en la cabeza de las mujeres españolas.

A decir verdad me sentía atraído por aquellas tres chicas por lo que tenían de misteriosas. Era refrescante encontrar a muchachas escondidas en un primitivo pueblo vasco, gastando su fuerza contra la sólida masa de convencionalismo heredado. Un trío de Nora Helmer luchando juntas contra los cerrojos y candados de su casa de muñecas.

Pasan una serie de cosas y, cuando se disponen a comer en el restaurante anexo al café, Walter observa que:

A mi lado, en la mesa común, estaba sentado un viajante de comercio de ropa interior femenina y, para ilustrarme sus aseveraciones, sacó de debajo de la mesa una maleta de la cual extrajo gran cantidad de bragas, camisones, medias de seda y cintas de colores.

Luego, empezó a hablar en voz baja haciendo observaciones intencionadas sobre las tres muchachas. Al acabar de describirlas, no tenía un punto para cubrir su desnudo moral, ni de otra clase. Yo me preguntaba si quizá estaba en la naturaleza del viajante de comercio ser cínico acerca de las mujeres, pues nunca había conocido a tan exagerado materialista. Quizá un vendedor errante tenga que aguantar más de lo que le corresponde de la adversa fortuna, pero ¿por qué el vender ropa interior de mujer tiene que conducir a un hombre a mirar el bello sexo como un tratante de ganados mira a los novillos en una feria?

Al cabo de un rato, me cansé de su conversación y lo dejé sentado a la mesa bebiendo con dos de las hermanas.

En 1934, tipos como las «insolentes» muchachas de Motrico y como el cínico vendedor ambulante abundaban por la España republicana. En efecto, las mujeres habían tomado en serio las conquistas sociales de la República y pretendían *otra cosa* de su vida, libertades femeninas.

Por toda España, aparecieron asociaciones y clubs femeninos para «culturizarse» y discutir sus cosas. Ya en tiempos de Primo de Rivera, habían surgido distintas organizaciones femeninas. En 1924, Celsia Regia creó la «Unión del Feminismo Español» y, desde su puesto de Concejal del Ayuntamiento de Madrid, intentó mejorar la situación sanitaria y educativa de la mujer. En 1926, se constituía en Madrid el «Lyceum Club», presidido por María de Maeztu y la Reina Victoria como una de sus vicepresidentas, club selecto de discusiones y coloquios femeninos. En Barcelona, Francisca Bonnemaison, esposa del poeta Narcís Verdaguer, presidía, en 1934, la «Sección Femenina de la Lliga Catalana».

Las Cortes Constituyentes contaban con once diputados femeninos entre los que se contaban Victoria Kent, Dolores Ibarruri, Clara Campoamor, y Margarita Nelken, entre otras. En 1932, la Real Academia admitía a doña Mercedes Gaibrós.[2] Aparentemente, las cosas mejoraban para las recluidas damas españolas. Pero había muchas mujeres absolutamente insatisfechas de las conquistas de la República, burguesas y trabajadoras, cultas e incultas. Algunas de ellas, más decididas, se aunaron y emprendieron una labor educativa profunda de reforma y cambio de las mentalidades españolas.

De los innumerables grupos y asociaciones, de todo tipo de tendencias, que surgieron durante la República y, posteriormente, durante la revolución y correspondiente guerra, un grupo de mujeres destacó no sólo por su número (20.000 afiliadas, la mayoría de ellas trabajadoras, reunidas en 147 agrupa-

2. *La mujer en la lucha social española*, Lola Iturbe, México, 1971. Con lo que parece ser, no es del todo cierto que Carmen Conde, admitida hace bien poco en la Academia, haya sido la primera mujer en «hollar» sus salones.

240

ciones), sino sobre todo por su total independencia de cualquier consigna partidista. Se trata de «Mujeres Libres», organización que surge en abril de 1936 en torno a la revista del mismo nombre y que, aun con tendencia anarquista, mantendría relaciones nada cordiales con las poderosas organizaciones anarquistas de la revolución española, la CNT y la FAI. Precisamente las críticas más duras que se ofrecían periódicamente en la revista, portavoz de las inquietudes y quehaceres de las «Mujeres Libres», iban siempre dirigidas a sus «compañeros anarquistas» quienes oscilaban entre el más casto puritanismo o el más brutal machismo.

«Los hombres al frente, las mujeres al trabajo» era su consigna permanente. Ellas sabían hasta qué punto les había sido útil a sus compañeras europeas su estreno en los puestos de responsabilidad durante la guerra europea. Šabían que era la única forma de demostrar sus talentos ocultos.

«Mujeres Libres» abogó insistentemente por la unión libre y la monogamia de la pareja mientras durara la buena disposición de ambos, y se manifestó repetidas veces en su revista sobre la falta de coherencia que manifestaban los anarquistas con sus ansiosos deseos de legalizar rápidamente cualquier relación de pareja en sus Ateneos o en sus Šindicatos. Un buen día de abril de 1937, estallaron así:

Proyecto para la creación de una fábrica de bodas en serie. (Churros auténticos): La camarada Revolución nos ha dado cuenta de su gran desconsuelo. La gente sigue casándose... La camarada Revolución creía que el espíritu y la moral de las gentes se habría adecentado un poco, pero se da cuenta de que el espíritu y la moral de las gentes no son susceptibles de adecentamiento... Ante la pavorosa realidad, intentamos higienizar sus pavorosas consecuencias. Los hombres siguen amando modalidades de opresión. Al menos, veamos si pueden darse las argollas.

Emplazamiento. — La fábrica de bodas en serie se emplazará lejos de todo núcleo urbano. No es conveniente que las tragedias se realicen a la vista del público, porque desmoralizan una barbaridad. Además, las dificultades de acceso a la fábrica, harán reflexionar más a los tontos.

(...)

Funcionamiento de la fábrica. — Es breve. Los individuos esperan, por parejas, en los departamentos bipersonales.

Luego, van pasando al salón de ceremonias. No pueden hacer nada, absolutamente nada, sin el sello. Se les sella un papelito, las dos mejillas y la ropa interior de cada uno.

Entonces, el Comité, con voz muy hueca, les lee los Mandamientos del Sentido Común, que pueden reducirse a tres:

1. Cuando estaba el cura, os engañaba el cura; cuando estaba el juez, os engañaba el juez; ahora, os engañamos nosotros, puesto que venís a eso.

2. El que no pueda pasar sin una garantía de propiedad y fidelidad merece las más viles opresiones sobre su corazón (peligro de asfixia).

3. El paso por la fábrica da patente de idiota y predispone a dos o tres sinsabores diarios. ¡Sabemos lo que nos hacemos!

La ceremonia es gratuita. Bastante desdicha tienen los que se van. Luego, se les pone la argolla y la cadena, se les da a besar la tricromía del Comunismo Libertario y se les tira por el tobogán.

Para evitar alteraciones en la buena marcha de la fábrica, conviene poner a la salida este cartel: *«No se admiten reclamaciones».*

«Mujeres libres», VIII Mes de la Revolución.[3]

Las «Mujeres Libres» se enfrentaron a los anar-

3. Este texto aparece publicado en la antología de textos extraídos de la revista «Mujeres Libres», editada por Tusquets Editores, en 1975, en su colección «Acracia» n.º 4 con el título *«Mujeres Libres», España 1936-1930*, y preparada por Mary Nash. (N. del E.)

quistas oficiales y se enfrentaron también a los demás grupos femeninos dependientes de las organizaciones de izquierda. En esta guerra, se enfrentaban todos a todos...

Veamos, para terminar esta breve intromisión en la vorágine de las luchas políticas, cuál era la actitud corriente de los anarquistas puros, quienes, por su valor numérico y su arraigo popular, llevaron el peso de las reformas sociales de la revolución española. Así, en el *Consultorio Psíquico-sexual*[4] del doctor Martí Ibáñez, consultorio que se realizaba a través de la revista de tendencia anarquista «Estudios», se planteó más de una vez el tema de los *dehabillés* femeninos, si eran revolucionarios o no, o también si una mujer revolucionaria *comme il faut* podía prestarse a ese tipo de «debilidades burguesas». Extraigo una de las consultas que, relacionadas con este tema, le fueron formuladas al famoso doctor en el n.º 162 de «Estudios», marzo de 1937:

Pregunta: Doctor Martí Ibáñez, un grupo de jóvenes lectoras de «Estudios», que siguen con gran interés su labor de sociología sexual, le preguntan si, en la sociedad revolucionaria, deben continuar la coquetería y el afán de la moda en las mujeres, o si deben desterrarse por la moral sexual nueva. ¿Puede usted indicarnos la psicología sexual de tales cualidades femeninas, o sea la moda y la coquetería? *Un grupo femenino de Valencia.*

El doctor Martí Ibáñez, que no solía explayarse mucho en sus abreviadas y certeras respuestas, impregnadas todas ellas de una solemne carga... ideológica..., se lo pensó muy bien esta vez y dedicó a las damas valencianas nada menos que dos respuestas en sendos «Estudios». De todo el análisis «socio-lógico-sexual» que dedica a sus lectoras retengo el primer párrafo, resumen y síntesis de cómo veían

4. Tusquets Editores, col. «Acracia» n.º 6, Barcelona, 1975. (N. del E.)

algunos anarquistas el mundo sutil y extraño de las modas y las coqueterías femeninas. Pasen y vean:

Respuesta. — La Revolución plantea de modo terminante el problema de si se deben abordar, para suprimirlas o cambiarlas por otras, las viejas fórmulas de Moral sexual y las modalidades varias de la acción erótica. La moda y la coquetería, amigas mías, pertenecen a ese florido prado de manifestaciones heroicas que, fertilizadas por una decadente moral sexual, esmaltaban la vida amorosa de los individuos en el marco de la civilización capitalista...

Aquí, en este bendito país que nos ocupa, entre católicos, carlistas, comunistas y anarquistas, siempre ha sido una especie de milagro el que, de vez en cuando, surja una mujer, *no liberada, sino libre.*

244

América América

Marilyn Monroe, *sex-simbol* de toda una generación.

> *«C'est une jeune fille d'aujourd hui, c'est-
> à-dire, à peu près, un jeune homme
> d'hier.»* («Es una chica de ahora, o sea,
> más o menos, un joven de antes.»)
>
> Paul Morand

Desde 1920, el Partido Obrero Alemán, recién
fundado y embrión del futuro Partido Nacional-So-
cialista, hablaba ya de expulsión de los judíos de la
comunidad alemana y de supremacía del bien común
sobre el bien individual. Todo esto en pleno furor
del liberalismo económico, salvo en los países aislados por la revolución rusa, donde se ensayaba la
estatalización de la vida económica y hasta de la vida
cotidiana.

Se habla también de fortificar la raza germánica
que debe constituir «un pueblo de señores» y do-
minar las «razas inferiores».

En julio de 1921, Hitler se hacía ya con el poder
al ser nombrado primer presidente del partido con
poderes dictatoriales.

En 1924, y después de ser liberado tras ocho meses de cárcel debido al *putsch* de Munich, Hitler afir-
ma, convencido, que conseguirá el poder por medios
legales.

Sostenido por vastas capas populares, cansadas
del fracaso de la democracia parlamentaria y de las
humillantes condiciones del Pacto de Versalles con
las que Alemania aceptaba su derrota en la primera
guerra mundial, el Partido Nacional-Šindicalista irá

ganando sucesivamente escaños en el Parlamento hasta conseguir su objetivo: la toma legal del poder y la constitución del tercer imperio germánico, el Tercer Reich, en 1933.

Los nazis, aliados a menudo a los comunistas, lograron acabar con el régimen socialdemócrata de Weimar.

A partir de entonces, todo serían flores para los nazis: disolución de todos los partidos y sindicatos, creación del sindicato unitario Frente Alemán del Trabajo e identificación del partido nazi con el Estado, en 1933.

En 1934, Adolfo Hitler, tras la muerte de Hindenburg, es nombrado Führer y canciller del Reich.

En 1936, y coincidiendo con los Juegos Olímpicos de Berlín, se aumenta hasta dos años el período de servicio militar obligatorio. Se prepara así a las «huestes» para la ansiada «conquista de un nuevo espacio vital», aunque sea por la fuerza.

En 1938, se comen, o sea se anexionan, a la vecina Austria. En agosto de 1939, ante los asombrados ojos de la izquierda derrotada en la guerra civil española y de la población rusa, se firma el pacto de no agresión germano-soviético, con protocolos secretos sobre la determinación de las áreas de influencia alemana y soviética en la Europa del Este. Es el preludio de la agresión alemana contra Polonia...

La guerra ha estallado...

Pero veamos qué había pasado antes por las vecinas naciones europeas en vísperas de la desoladora guerra que arrasaría Europa y se cobraría más de 50 millones de muertos.

Por de pronto, París, el dulce y pícaro París, se había ganado a pulso las agencias de viaje americanas y no había nueva *couple* de Boston o Nueva York que no celebrara sus melosas lunas de miel en los *bâteaux-mouches* del legendario Sena.

Y las parejas pedían diversión. Los cabarets y demás «Moulins Rouges» al uso tenían un trajín inimaginable. Un buen desayuno con croissants, una visita al Louvre, un buen almuerzo, una siesta movidita, otra buena cena y, ¡ala!, al cabaret todo el mundo. Los empresarios se frotaban las manos de gusto.

Todo empezó con aquel erótico cinturón de falsas bananas con que se había presentado Joséphine Baker, allá por 1926 en el «Casino de París». El escándalo llegó hasta el Capitolio y había quien se apostaba hasta la camisa con tal de ver a la nueva venus negra en tan exótico *deshabillé*. Después, sería la gracia de Mistinguett la reina incuestionable del «Casino de París» y de los music-halls durante los años 30.

¡Menudo reto para las Yvettes, Nicoles y Pascales de Montmartre! Pues nada, si la Baker se hacía un cinturón de plátanos por toda vestimenta, ellas resucitarían el viejo *cache-sexe* y fundirían las plateas. *Voilà* cómo se impuso el slip en los escenarios de las salas de fiesta y cómo los directores de los míticos «Moulin Rouge» y «Folies Bergères» redujeron las dimensiones del pantalón hasta la más minúscula expresión.

En 1934, mientras Perchicot se hacía de oro con los derechos sobre su popular cancioncilla acerca de una tal *Zézète, inquiète*, que había perdido su pantalón *tout en dansant le charleston*, las bailarinas del «Moulin Rouge» se esparcían en escena con exiguos pantaloncitos bien bordados y con llamativos ligueros.

En el «Folies Bergères», Mr. Derval imponía el slip para las bailarinas que presentaban eróticos espectáculos en torno a una estrecha mesa de billar...

En el mismo año, la revista mensual «Paris Magazine», con sede en la popular Rue Saint-Denis, dedicaba, en su número 33, todo un editorial sobre el arrasador empuje de los espectáculos nudistas. *La plus grande déculotée* de la historia parisina había comenzado:

La bella Dherlis, Diana, las hermanas Guy, las hermanas Irvin. Galateas, en un principio inmóviles, se animaron poco a poco. Roseray y su bailarín Capella, Mitty, virtuosa del desnudo acrobático, conquistaron nuestra ferviente adhesión. Pero, cuando París trepidaba de entusiamo al ritmo frenético del esbelto y negro trasero de Joséphine, ¿cómo no consentir que se animaran todos los Desnudos?

He aquí por qué Tabarin nos ofrece la encantadora visión de Seis Jóvenes Desnudas cuya emocionante perfección confirma que Sandrini es un seleccionador fuera de serie. He aquí por qué Bob Delso, en la Costa Azul, nos revela el sexteto de las Delso's Girls que tienen una línea... Una línea cómo para hacer dulce el pecado. He aquí por qué, bailarina *nue plus que nue*, *danseuse hipernue*, Colette Andris se ha ganado una reputación de moderna Phrynia, al bailar vestida con su única perfección original y con un frágil balón. (...)

En el dédalo de los camerinos, se mueve ese auxiliar precioso y a veces tiránico: el vestidor. Vestidor de Mujeres Desnudas, ¡qué oficio!, pensarán. Pues sí, señores, ¿ignoráis la capital importancia de un maquillaje sabio que dosifica, según la escena, el color del polvo y el espesor del colorete? Porque, si no lo sabíais, una Mujer Desnuda está vestida principalmente de polvos...

En los cabarets, en los que una pista en mitad de la sala acoge los movimientos de las Beldades, no es raro que oigan comentarios sobre lo que sugiere la gracia de sus cuerpos. ¿De los hombres?... homenajes de una precisión voluntariamente inoportuna. ¿De las mujeres?... o un exceso de admiración muda que delatan las miradas, o, mucho más frecuente, críticas demasiado acerbas como para no ser la expresión del despecho. ¡Ah, Mujeres Desnudas, qué terribles censores en vuestras consortes vestidas! ¡Cómo os... desnudan!

Mientras los franceses cultivaban las ojeras y las noches de fárraga en una capital que se había convertido en la indiscutible meca del placer equívoco y la perversión, los alemanes fomentan teorías higienistas y saludables de placeres al aire libre en medio de patrióticos campings, donde se afanan en «bailar» belicosas maniobras al ritmo de la nueva heroína: Lilí Marlen. Pronto conocerían franceses e ingleses, polacos y rusos quién demonios era la poderosa Lilí, que arrasaba sus campos y ciudades como una nueva peste «albina».

De París, capital del vicio, a París, capital de la Resistencia, sólo mediaron pocos años. Y, con la misma alegría con que se enfundaban las mallas, las parisinas no tardarían en enfundarse artesanas armas. Hasta la fabulosa Joséphine Baker colaboraría con la Resistencia. Veamos qué pasó.

A partir de 1940, proliferan los conjuntos azul-rojo y blanco en los trajes-sastre de las damas parisinas, los colorines y los más chillones tejidos escoceses. No es, ni más ni menos, que una vistosa provocación ante el invasor y sus aburridos uniformes grises. *Souris grise* (ratón gris) será el despectivo mote con que se recibe a las damas alemanas del Servicio Alemán de Ocupación.

Los sombreros, casi a punto de desaparecer antes de la invasión, vuelven a llenar los bulevares parisinos, como contraste ante los severos pelos cortos de las oficiales alemanas. De mil y una forma, sorprendentes y hasta estridentes, hacen exclamar a un oficial alemán: «Si en la derrota son capaces de ponerse en la cabeza tan divertidas monstruosidades, ¿qué no serán capaces de imaginar en la victoria?».[1]

Ninotschka, la puritana comisario soviética, se perdió por un sombrero. También se perderían sus hermanas alemanas, quienes sufrirían una radical transformación ante el empuje imaginativo de sus «invadidas». La ciudad se llenó de anónimas Ninotschkas, quienes, en divertida ósmosis, cambiaban sus hospicianos uniformes grises por pícaros sombreritos y disparatados vestidos de noche. Hasta que intervinieron las autoridades «masculinas» decretando drásticamente la vuelta al pelo corto, la cara lavada y al traje de campaña.

1. Citado por M.ª Luz Morales en *La Moda*, tomo XI, *Siglo XX: 1935-47*, Salvat Editores, Barcelona, 1947.

Y, en la vecina Inglaterra, las novias de los pilotos de la RAF veían duramente cortadas sus ilusiones al imponerse estrictas restricciones de guerra. Tan sólo 24 cupones para seis meses podían utilizarse en gastos de vestimenta. ¡Y ellas se gastaban ya tres en cada par de medias!

Las restricciones en los países ocupados no impidieron que, en retaguardia, se las ingeniaran de mil maneras para sacar partido a las penosas posibilidades del momento. No impidieron tampoco que la moda parisina tomara un rumbo colorista, y hasta estrafalario, a pesar de los cuatro años de ocupación.

Pero nada comparable al júbilo de las delgadas damitas parisinas besando atropelladamente a tanquistas y tanques del ejército aliado en la ansiada liberación. La indescriptible atmósfera que se apoderó de París durante unas buenas semanas fue narrada así por Lee Miller, corresponsal americana que mandó este expresivo cable:

París parece hoy un salón a la mañana siguiente de un gran baile. Pero los tanques, cañones y carros blindados ya no parecen siniestros, porque las más lindas muchachas trepan a ellos y los adornan... Sentados en las torrecillas, con diccionarios en la mano, los yanquis alternan la lucha con el aprendizaje de palabras... Es una combinación de ligereza y arrojo... En una calle ondean banderas y besos, en la de al lado continúa la lucha... Prevalece el cabello suelto al estilo de Verónica Lake... Las flores en la cabeza y en los oídos son moda corriente en París... Todas las chicas llevan las piernas desnudas, tostadas natural o artificialmente... Ninguna restricción en el maquillaje, aunque sí la hay, y seria, en los jabones. Algunas los hacen en casa con aceite mineral y álcalis... Mercado negro es patriotismo en París en contraste con Inglaterra y América... Las colecciones de *Haute Couture* estarán listas a mediados de septiembre... Enviaré completa información...[2]

2. Citado en la obra ya mencionada de M.ª Luz Morales.

Las colecciones se llamaron «Colección de la Liberación» y de la «Victoria» y, aunque con escasos medios, fueron más alegres y vaporosas que nunca. Con la liberación, fuertes huracanes americanos barrerían la vieja Europa; el dólar inicia su marcha triunfal por las bolsas europeas y, en vista de que no hay gran cosa que comprar, los «dolarines» deciden exportar... dinero, poniendo en marcha sucesivos planes de ayuda marshallianos para volver a crear una demanda solvente y amante del buen vivir.

De América vendrían las tres revoluciones del siglo por lo que a ropa interior se refiere. Primero, fueron los sujetadores, usados ya por las *teenagers* americanas y por las no tan adolescentes a principios de siglo y que, con la progresiva supresión del corsé, se impondrían gradualmente en toda Europa. Luego, vendría el nylon que cambió radicalmente la vestimenta íntima femenina, empezando por las medias. Por último, los super-íntimos Tampax, audaz invento del Dr. Haas en 1936, que empezó a llegar a Europa a principios de los años cincuenta, acabando, en los casos más civilizados, con toda aquella tramoya de pañitos, trapitos y demás compresas higiénicas con que se familiarizaban las señoritas desde sus primeras espinillas.

La historia del nylon tiene mucho que ver con las batallas internas del Pentágono. La guerra del Japón, guerra de nunca acabar hasta que decidieron «aligerar» la densidad de población de la isla, y singularmente en las ciudades de Hiroshima y Nagasaki, fue indirectamente la culpable del rápido avance en las investigaciones sobre transformación de detritus e hidrocarburos en fibras textiles.

Cuando, en 1945, el Japón anunció el embargo del envío de sedas naturales a USA, la histeria se apoderó irremisiblemente de las damas americanas que se abalanzaron como locas a las tiendas para conseguir los últimos pares de medias de seda. La situación se las trajo, según cuentan las crónicas de la época. Así, el «Vogue» de 1945 publicaba este escalofriante relato del ataque:

Con menos seriedad que los hermanos Marx, las compradoras de las últimas medias de seda natural se abrían paso con codos, uñas e incluso, de ser preciso, dientes hasta las aterrorizadas vendedoras que a cada momento se veían obligadas a llamar a la policía, a fin de que les enviaran refuerzos con que contener a la multitud enardecida por el pánico de quedarse sin medias de seda natural.

Algunas mujeres se disfrazaron hasta con bigotes postizos y trajes de hombre al limitarse la venta a un par por persona... Hubiera sido divertido, si, dadas las circunstancias, no hubiera sido tan mortalmente serio como una pesadilla...

El Gobierno americano no tuvo más remedio que tomar cartas en el asunto y proponer varias soluciones, que fueron contestadas de la siguiente manera por las enfurecidas damas acaparadoras del sutil fruto de los gusanos:

Nos pondremos medias de lana en invierno y para los deportes de nieve, pero para nada más, porque son horribles. No nos pondremos medias de algodón, por muy americanas que sean, porque no nos gustan nada... y no suprimiremos las medias, porque no les gusta a nuestros hombres... aunque, cuando bien nos parezca prescindamos de ellas y nos pintemos las pantorrillas de negro africano o de indio piel roja, ya sea por comodidad, por capricho, por frescura o por hacerles rabiar a ellos... De modo que no hay más que hablar, ingénienselas ustedes señores gobernantes, señores industriales, inventen algo nuevo, algo perfecto... o decídanse a hacer la paz con el Japón...

Así de contundentes fueron las damas americanas ante las sugerencias de sustituir las preciadas medias de seda por medias de lana o por las autóctonas medias de algodón. *Nothing* de *nothing*, dijeron. Y esto fue lo que aceleró el descubrimiento del nylon con lo que se entraba en la era de las benditas medias de cristal. América, América invadía los mercados europeos con el nylon y el chiclé, antesala de su más universal potingue: la Coca-Cola... ¡y una sonrisa...!.

Las recién liberadas parisinas, que podían presumir de tener un tío en América, gastaron con más alegría que nunca los primeros francos de sus nuevos trabajos en las delicadas y suaves nuevas prendas íntimas, confeccionadas con nylon. El *new look* de Christian Dior exigía nuevamente un talle de avispa, por lo que se desenterraría rápidamente antiguos corsés y se imitaría, aunque con materiales más elásticos y sin el complejo aparejo de ballenas, corchetes y aros de metal de antaño. El español Balenciaga, afincado en París, resucita también los corsés, en dúctiles formas que cierran atrás con cómodas cremalleras, sin necesidad de estrangular la respiración. Ya Rochas había lanzado, y con gran éxito, en los comienzos de los treinta su famosa *guêpière* o *corselet* para ceñir la cintura y realzar el pecho, dándole una sugestiva forma *pigeonnante*. Después de la guerra, será Carven quien vuelva a lanzar las *guêpières*, que también han mejorado con el paso del tiempo y la utilización de las nuevas fibras sintéticas.

La nueva línea en Y o en A volvía a estilizar a las damas después de los eternos años de privación y escasez. Dior dio en el clavo al volver a proponer una silueta super-femenina y al bajar el largo de las faldas, sólo un poco más arriba del tobillo, como una manifestación más de que la pobreza de metros y calidades había terminado para siempre. En su libro *Je suis couturier*, analiza así las razones de su amor al eterno femenino:

Teníamos detrás de nosotros un pasado de guerra, de uniformes y de mujeres en los ejércitos con amplios hombros de boxeador. He diseñado a mujeres que semejan flores, con hombros ligeramente caídos, senos redondeados, talles delgados como juncos y faldas que se abren como pétalos en flor.

La biografía de Christian Dior es singularmente expresiva de cómo un buen olfato del *esprit du temps* puede llevar al más universal éxito. De 1928 al 32, dirige, asociado a Pierre Coll, la galería de arte Dior y Coll de la Rue Cambacères, donde, entre otros, conoce a Christian Bérard, Cocteau, Dalí y demás artistas en voga que le ayudan y apoyan en su pasión oculta por el diseño de modas. Es curioso constatar que los grandes modistos parisinos siempre han guardado excelentes relaciones con el mundo del arte, así, por ejemplo, André Breton se encargaba de ayudar a Paul Poiret en la selección y mantenimiento de sus innumerables obras de arte, adquiridas en viajes, anticuarios y exposiciones de vanguardia.

En los comienzos de los años 40 y en pleno fulgor de la batalla, Dior conoce a su inseparable y entusiasta compañera Raymonde en los talleres del también modisto Lucien Lelong. Luego, vendría la incorporación al equipo de Šuzanne Lulling, la reina del *public-relations*, y del perro Bobby, personaje fundamental en el personal fetichismo de Dior, quien le dedicaba siempre uno de los modelos de su colección al igual que a la flor del *muguet*, de penetrante aroma, por el que Dior no ocultaba su profunda debilidad.

Dos damas, un perro, una planta y un saber captar las ideas *qui sont dans l'air* colocaron al coleccionista de arte a la vanguardia del diseño y de la moda mundial, manteniendo su supremacía hasta casi nuestros días en que uno de sus más directos discípulos, Yves Saint-Laurent, ha venido a recoger la llameante antorcha de la popularidad y el liderazgo.

Dios se empeñó también en lanzar toda una línea de ropa interior, acorde con los diseños y tejidos de sus modelos, que sería también una de las bases de su tremenda popularidad. La *gaine* Christian Dior se convirtió en la aliada natural de la nueva mujer de los años cincuenta. Fajitas, sujetadores, combinaciones, corpiños, ligueros, visos, medias, pijamas y hasta, posteriormente, zapatos Christian Dior llevaron al máximo refinamiento la piel íntima femenina conjugando por vez primera el lujo con el bienestar y la comodidad. No hay dama europea de los últimos tiempos que no haya llevado, a alguna *soirée* de su vida, al avispado Dior muy cerca de su corazón...

La nota espectacular del momento la constituye, sin embargo, el decidido avance del pantalón como prenda exterior femenina y el consiguiente retroceso del pantalón íntimo, reducido cada vez más a la mínima expresión para acabar expirando en los exiguos brazos del moderno *slip*, que entierra también en el limbo de los justos a la púdica *culotte*.

Los nuevos hábitos de vida, el trabajo, el uso del coche, la vida deportiva, las excursiones y hasta la actividad casera son las nuevas excusas para un tema tan viejo como el mundo: el sentirse realmente «protegida» por una vestimenta cerrada. *Notre dame de Flore*, existencialista de última hora, habitual de las *caves* y consumidora empedernida de negros *sweters* y negros y ceñidos pantalones, se atreve incluso, si su estructura ósea se lo permite, a reducir su vestimenta interna a la mínima expresión del slip. Serán las pioneras del avasallador movimiento de las *sanssoutien* de los años sesenta. Con aire desgarrado, absorben uno tras otro espesos cafés con achicoria y rebosantes vasos de buen tinto de Burdeos, Borgoña o Beaujolais. Eran los tiempos en que uno veía nacer el día arrellanado en las incómodas sillas de repletos cafés y *bistrots*, donde, al menos, se estaba calentito y hasta se podían escuchar las esotéricas charlas de la morganática pareja Sartre-Beauvoir, o escuchar la estridente trompeta de Boris Vian, o las sugestivas canciones de una mujer pequeña de estatura, pero grande de corazón, declarando «que no, que no lamentaba nada de lo que había hecho en la vida...». Era la primera vez que una dama expresaba públicamente este total acuerdo con los sinsabores y el fracaso de su vida, o con sus alegres aventuras.

Edith Piaf fue el canon, el no va más, de la mujer arrolladora y *engagé* de su época. Edith Piaf fue una auténtica madre para los Montands, Moustakis, Aznavours... que se alimentaron de su voz y su desgarro, y tuvieron acceso a la verdadera piel íntima de esa enigmática mujer, que, unas veces, estuvo locamente enamorada de un gran boxeador, como Marcel Cerdan, o, las más, de cantantes como su último *affaire*, Theo Sharapo.

Mientras las parisinas aprendían en la escuela de los cafés, las inglesas se recluían en las largas tardes de lluvia y disfrutaban de un nuevo juego: las *television-parties*. Las amables veladas en torno al recién adquirido televisor, mimado y acariciado como el nuevo rey de la casa y atendido como si delante de un portentoso milagro cotidiano se estuviera, proliferaron en el *West* y en el *East End*. Nadie entendía muy bien todo eso de las ondas a distancia. Pero no era cuestión de entenderlo, sino de vivirlo. Los primeros años de la televisión abrieron el mundo a los europeos tanto como la conquista de América. O más, si cabe.

También las inglesas habían adoptado los cómodos pantalones masculinos para su vida de trabajo y de relajación *at home*. Allí sí que desapareció radicalmente el festoneado pantaloncito íntimo que, en Francia, ya no llevaban ni las artistas de *varietés*, quienes, tras soflamas, luchas y plantes, habían conseguido liberar sus movimientos al máximo. Nada apenas de las molestas ropas íntimas que entorpecieran los *entrechats* con que fascinaban a sus rendidos admiradores. Tan sólo un ridículo slip constituía toda la sujeción interna que una bailarina de los cincuenta mostraba al nostálgico público de cabaret.

Uno de estos nostálgicos de los pantalones íntimos, refinado coleccionista y gamberro sin par, fue detenido después de infructuosas búsquedas en los alrededores de la estación de metro Goncourt en una clara tarde de otoño de 1949. El «France-Soir» del 31 de octubre de 1949 relató con pelos y señales las agresivas aficiones del sátiro, quien se dedicaba a sustraer hábilmente los pantaloncitos íntimos de las viajeras cuando habían quedado «atrapadas en tierra» por el *portillon* que acababa de cerrarse, impidiendo el acceso al andén.

Tras sucesivas denuncias, de las que se atrevieron a denunciarle, la policía le arrestaba definitivamente en aquella tarde otoñal. Lo curioso del caso es que *«le faune / du métro Goncourt / qui opérait / d'une main preste»*,[3] llamado Robert Charvaut, declaró muy indignado en las dependencias policiales que el que debía interponer querella contra las asaltadas debería ser él, que había sido frustrado una y mil veces en su «inocente perversión», porque la mayor parte de las veces el chasco había sido inmenso: *«¡Il n'y avait rien à voler!»*.[4]

3. «El fauno / del metro Goncourt / quien operaba / con mano hábil».

4. «¡No había nada que robar!». Citado por Romi en *L'histoire pittoresque du pantalon féminin*, Jacques Grancher Editeur, París, 1979.

Los «pololos» y la sección femenina

Modelos de bikini para el verano de 1960. Foto del Archivo de *Triumph International* en Munich.

> «Las mujeres lucen peinados muy em-
> piringotados, muy hacia arriba. Es como
> si, de pronto, todas las madrileñas hubie-
> ran decidido parecer altas. De acuerdo con
> los tiempos que corren, el pueblo bautiza
> este tipo de peinado con uno de los gri-
> tos "rituales": el peinado se llamará —in-
> cluso oficialmente en las peluquerías de
> señoras— "Arriba España".»
>
> *Historia de Madrid*, tomo IV, 1930-45,
> «La posguerra», Federico Bravo Morata,
> Fenicia, Madrid, 1978.

Gritaban *no pasarán, no pasarán*... Pero pasaron
y arrasaron y lo dejaron todo perdido de casquillos,
morteros, arengas, uniformes, fusiles, soflamas y hasta moritos. Pasaron e hicieron la pascua... Pasaron
y la armaron durante casi medio siglo.

En el caluroso verano de 1936, Matilde Ucelay, recibía, justo una semana antes del sangriento pronun-
ciamiento militar, su flamante título de arquitecto.
Era la primera mujer en la historia de España que
conseguía el elitista título. Y la prensa de la época
subrayó la noticia como si de un verdadero triunfo
de la «liberal e igualitaria» sociedad republicana se
tratara:

Habiendo terminado brillantemente sus estudios en
la Escuela Superior de Arquitectura de Madrid, la señorita M. U., siendo la primera mujer que en España
consigue el título de arquitecto, sus amigos y compañe-

ros de profesión no quieren dejar de señalar públicamente este hecho, demostrando la admiración que sienten por su capacidad e inteligencia, mediante un ban-
quete que tendrá lugar el próximo viernes 1.º de julio
de 1936, a las nueve y media de la noche en la terraza
del Hotel Nacional.

Y la elección del Hotel Nacional ya era toda una
premonición...

Julio de 1936 fue, como todos los julios que han
sido y serán españoles, un julio caluroso hasta la
asfixia. La gente se refugiaba en los teatros y en los
cines que presentaban, como mayor novedad, el estreno de los nuevos sistemas de refrigeración. La
cartelera madrileña de aquel julio del 36 lanzaba sus
cometas al aire con refrescantes espectáculos:

Alkazar [todavía con K] (11 estreno): *Perfectamente deshonesta* (de María Rosa Oliver). Refrigerado.
Comedia (a las 6'45 y 10'45): *¡Títeres en Salamanca!*
(escandalazo de risa). Temperatura agradable.
Eslava (11 noche): *Caray qué nochecita* (graciosí-
sima comedia picaresca, creación de Laura Pinillos Ozo-
res).

Mientras, los cines anunciaban sensacionales pro-
ducciones con Jean Harlow, William Powell, Shirley
Temple, Gary Cooper, Greta Garbo y Ronald Colman,
en *El velo pintado*, *La indómita*, *Ahora y siempre*, et-
cétera, que nunca alcanzarían el furioso realismo de
aquellos premonitorios títulos del «Alkazar» y compañía, que darían paso a los *Títeres de Salamanca*
y su «perfectamente deshonesta guerra» con «noche-
citas de caray»... Unos vienen y otros se van. Se van
para no volver. En mucho tiempo no volverán. Se
van para caer en otros campos y en otras guerras de
corte europeo. Se van...
Otros se quedan. Se quedan con aquellos monos
de trabajo (urgentemente improvisados en los largos días del 19, 20 y 21 de julio, para camuflarse),
bien guardados entre kilos de naftalina. Se quedan
resucitando los escondidos zapatos de tazón que hu-

bieran podido provocar más que una bandera en los primeros días de la revolución, se quedan rescatando encajes, abalorios y puntillas de aquellos baúles que pensaron un momento jamás poder reabrir. Se quedan tristes, pero se quedan. Se quedan a seguir escuchando las ardientes proclamas de un sistema que cultivó, como ningún otro, la oratoria retórica, tremebundista, sentimentaloide y primaria hasta las lágrimas:

...nació la Segunda República Española y, como fue engendrada con pecado de traición, nació raquítica, contrahecha, espúrea, más que un parto, fue un aborto: como aborto tenía que perecer, y pereció...[1]

Y era el inefable general Mola el que iniciaba el estilo. Estilo ampuloso, tenebrosamente lírico, estilo ramplón y de soldado chusquero, estilo de militares de colonias, estilo fúnebre y pobretón que encandilaría los oídos hambrientos de paz y sosiego tras las borrascas del 36. Estilo somnífero que acallaba para siempre... Ganaron y organizaron a su modo. Con sus santos y sus señas. A su manera grosera y un tanto ignorante de entender la vida. Organizaron y derogaron. Derogaron todas las pequeñas conquistas sociales de la efímera República y pusieron en un buen lío a todos aquellos españoles que se habían casado por lo civil tras la prometedora ley de matrimonio civil o se habían divorciado. A partir de marzo de 1938, ni matrimonios civiles ni divorcios. Y, además, con efectos retroactivos. Para que se enteren... Pronto se enteraron. Había que ser muy burro para no enterarse que, con el nuevo sistema, de ambivalencias y ambigüedades «burguesas», nada. Todo drástico y tajante. Y al pan pan y al vino vino.

Pues nada, señores, ¿no pensábamos que se habían muerto y bien muerto corsés, corpiños, calzones y ballenas? Sí, sí. También volvieron. Volvieron más

1. Citado por Bravo Morata en *La batalla de Madrid. La guerra de España*, Ed. Fenicia, Madrid, 1968.

encauchutados que nunca, más férreos que nunca, sujetando más que nunca. Fue la apoteosis, la victoria y el reino de esa corsetería entre ortopédica y coriacea que los alemanes, con esa lengua tan marcial que cultivan, bautizarían con el expresivo nombre de *gepanzert*.

Las señoras volvieron a ceñir sus formas. Los caballeros volvieron a sudar angustias con lascivos sueños de caricias nunca realizadas. Los niños volvieron a los saludos militares y a la concepción espartana de la vida. Las niñas, a cubrir sus frágiles piernas con tupidas medias a partir de los doce años, se marcaron fieramente los caracteres distintivos de la nueva etapa de vida y los nuevos ritos de iniciación.

Los que mejor se lo pasaron organizando y metometiéndose en todo, como es lo suyo, fueron los curas. Los curas, los obispos, los arzobispos, y hasta los cardenales, consideraron que era tema exclusivo de su jurisdicción las domésticas costumbres y cotidianas prendas de los españoles a quienes marcaron sin piedad hasta en el menor de sus actos rutinarios. Las normas, promulgaciones y consejos se suceden sin cesar. Nunca tuvo más actividad la Iglesia española. No paran de recomendar decencia y decencia. Y, para que todos se enteren, encartelan los bien soleados muros de las campesinas iglesias españolas con largos recuentos sobre las reglas de moralidad:

1. Las mujeres no aparecerán por las calles de esta aldea con vestidos demasiado estrechos, en sitio que despierten las malas pasiones de los hombres.
2. Nunca llevarán vestidos demasiado cortos.
3. Han de tener cuidado de no ir demasiado escotadas.
4. Es vergonzoso que las mujeres vayan por la calle con manga corta.
5. Toda mujer que salga a la calle ha de llevar medias.

6. Las mujeres no llevarán ropa hecha de tela transparente o de malla en los lugares que la decencia exige vayan cubiertas.

8. Los chicos no deben ir por la calle con los muslos al descubierto.

9. Las muchachas no andarán por lugares apartados, porque es inmoral y peligroso.

10. Ninguna mujer o muchacha decente ha de ser vista en bicicleta.

11. Ninguna mujer decente ha de ser vista en pantalones largos.

12. Lo que en las ciudades se llama «baile moderno» está estrictamente prohibido.

A 11 de julio de 1943

Dodecálogo que no sólo leyó y reseñó en su apasionante *Iberia* el escritor americano James Michener, a su paso por Jerez, la tierra del sol, del vino y de los mestizos de inglés y español, sino que podían leerlo todos aquellos, o sea todos, los que estaban obligados a guardar los domingos y días festivos.

El arzobispo Plá y Daniel fue aún más explícito: no sólo recordó a las niñas la obligación moral de ir con medias, mangas y cuellos bien tapaditos, aun en verano, sino que amplió su radio de acción a las musculosas curvas masculinas, manifestando muy irritado su profundo rechazo del pantalón corto utilizado por los «Flechas» y «Cadetes» en sus constantes manifestaciones urbanas: «Podían excitar las pasiones de las tiernas muchachitas espectadoras».[2]

El lenguaje eclesiástico del momento ha marcado época para siempre jamás, por su riqueza de imágenes y su pasión por los adjetivos más sonoros y ampulosos. Así, la Conferencia de Obispos Metropolitanos, reunida en marzo de 1957 (casi veinte años después), arropaba con verdaderos cortinajes de fuego su barroca declaración sobre las modas y los bailes modernos:

2. Tanto esta cita como las siguientes están tomadas del libro de Alonso Tejada: *La represión sexual en la España de Franco*, Barcelona, 1977.

Las modas inverecundas, armas principales de Satanás, para abrir las puertas al impudor público, atrio de la depravación moral... o también esos bailes llamados modernos, tortura de confesores, virus de las asociaciones piadosas, feria predilecta de Satanás, objetivo muy importante para la acción moralizadora y purificadora del ambiente social que han de realizar las autoridades y las asociaciones que colaboran en la dignificación de las costumbres.

Después de la obsesión por la moralidad y buena compostura en las iglesias, con el uso obligatorio de velos, medias, mangas y total rechazo del menor lago de carne que surgiera de atrevido escote, la furia curial llegó hasta los gimnasios y manifestaciones artísticas femeninas. En los colegios en los pueblos, en los vetustos locales de la Sección Femenina, se descubren (ni siquiera sabían de sus usos renacentistas) los refinados calzones de las Médicis. Claro que, aquí, sin ningún refinamiento, ni encaje, ni blonda que valga, sino de tela de gabardina monda y lironda bien ceñida con gomas elásticas que, sujetas a los muslos de las gimnastas, las danzantes y las colegialas y protegidas con tableadas falditas de la misma espesa tela, más propias para ir de paseo que para bailar o hacer gimnasia, dejarán siempre un surco bien marcado en las adolescentes piernas femeninas. Son los «pololos». Los aborrecidos «pololos» de colegialas y bailarinas, con ceñidas gomas que, en casos de obesidad precoz, hasta cortan la circulación sanguínea sin que estas consideraciones higiénicas inquieten lo más mínimo a las sargentonas de la Sección Femenina.

Luego vendrán las playas. Demoníacas playas. Demoníaca geografía española llena de arena blanca y transparentes playas por todas partes, menos por una, más demoníaca aún, que la «une» a la depravada Francia. Las normas estaban bien claras. Prácticamente hasta los años cincuenta, hombres y mujeres, sin distinción de sexo ni edad, debían cubrirse en la playa con tupidos albornoces, reservando el

272

maillot completo única y exclusivamente para el momento del baño, que, si breve, dos veces bueno. Las mujeres debían, además, coser una especie de faldita en los bajos del bañador, a la altura de las caderas, no fuera a ser que, al salir de la orilla (¡y cualquiera era capaz de nadar con semejante estafermo!), exhibieran durante eternos minutos sus impúdicos muslos.

Separación rigurosa de sexos en playas y piscinas, siendo miradas además estas últimas como el *sumum* de la depravación a que estaba conduciendo la vida moderna. (No es de extrañar ya que, dada la doble moralidad del momento y el asedio constante a los burdeles de escasa higiene, las piscinas eran verdaderos focos de contaminación de las más sofisticadas enfermedades venéreas.) E iguales normas sin excepción para las niñas a partir de los doce años.

La histeria empezó cuando, en los albores de los sesenta, y tímidamente al principio, las condenadas extranjeras se empeñaron en seguir poniéndose aquí, en la tierra de la Virgen, sus diabólicos bikinis. Púlpitos, hojas parroquiales y hasta ensayos teológicos se convirtieron, de la noche a la mañana, en aliados sutiles del feroz invento que encontraba una propaganda inesperada en aquellas sistemáticas y concienzudas ofensivas contra el antiestético bikini. No había misa de verano en la menor playa perdida de nuestra geografía que no gozara, en algún momento, de las eternas homilías, con la refrescante imagen de chicas suecas, alemanas y demás foráneas paseándose airosamente por los pulidos mármoles y las fálicas columnas de las fresquitas iglesias de piedra españolas. Nunca se vieron más bikinis fuera de lugar que en los años sesenta. ¡Qué obsesión por el bikini! ¡Lástima el retrato tecnológico! ¡Hubieran sido capaces de proyectar diapositivas en mitad de la consagración para rematar pedagógicamente sus amenazas de condenación eterna a las embikinadas, si así hubiera quedado aún más clarito de lo que ya lo estaba para todas las féminas que poblaban el acto. ¡Vaya si lo entendieron, y al pie de la letra! O se ponían bikini, o se quedaban sin novio, sin marido, sin hermano y hasta sin tomar el sol en el flácido abdomen invernal. La iglesia española debería haber ido a medias con los fabricantes de bikinis, esa prenda que sólo en casos verdaderamente excepcionales es capaz de cubrir con gracia un cuerpo, a remojo, femenino. Las sombrías iglesias de los largos y cálidos veranos de los sesenta rezumaban bikinis, rebosaban de bikinis, aullaban por los bikinis...

Había quien prefería la plasticidad del lenguaje escrito frente a las arengas dominicales. Así, el padre capuchino Quintín de Sariegos, quien presumía de teólogo, que dedicó sus buenos años a elaborar un encendido ensayo sobre la moralidad en la vestimenta, titulado *Luz en el camino*, y que a propósito del bikini era de una claridad meridiana:

El hombre que contempla impasible a una joven en *maillot*, o bikini, no es hombre normal: o es un tarado, o un pervertido en su naturaleza.

El caso es que el disfraz favorito de las ñoñas verbenas veraniegas y los no menos pacatos bailes de disfraces aludía constantemente al manoseado bikini. Disfraces de polinésica, de hawaina, o de mosquita muerta. Daba igual. Siempre con un ceñido dos piezas. Y hasta los chicos españoles, que siempre han sido muy aficionados a disfrazarse de chica en los bailes veraniegos, ensayaban en la humedad de los cuartos de baño los importados bikinis. Fue toda una erupción del dos piezas que, solamente ahora, cuando asoma por las playas españolas una nueva estética, está dando paso a prendas más sinuosas, que enmarcan mil veces mejor que el bikini hasta el más michelínico cuerpo femenino.

Los años 40 y 50 fueron años duros, años necrófilos y eternos. Años de condenación y muerte, por

274

cualquier cosa. Años, si cabe, aún más espinosos que la misma guerra. Años en que a la buena de *Gilda* no la dejaban quitarse tranquilamente sus infinitos guantes en aquella insólita escena, que consagró para siempre como prenda íntima y erótica por excelencia los largos guantes hasta casi los hombros. El padre Morales, haciendo honor a su nombre, organizaba expeditivas cuadrillas que, o trataban de convencer sobre la condenación eterna que seguiría a la «innoble» contemplación de *Gilda*, o rompían directamente las entradas de quienes, más ingenuos, entraban en diálogo.

Hasta 1950, no se exhibe en las pantallas españolas la producción super-super donde las haya habido: *Lo que el viento se llevó*. Con aquellas sensuales e íntimas escenas de siestas entre las jovencitas que acuden a la fiesta de la Hacienda de los Robles, o las hondas confesiones de la orgullosa Scarlata O'Hara tratando de ceñirse un corsé ya imposible para su talle mientras enuncia apasionadamente que no, que nunca más volverá a tener hijos... Y las pías señoras españolas, cargadas de hijos y de varices, se esconden avergonzadas en sus butacas porque ellas ni siquiera pueden gritar eso, en un país donde se premia a las más aberrantes familias de veinte o más miembros, porque es así cómo se hace patria, destrozando a mujeres, hombres y niños imposibles de atender en las mugrientas y efímeras casas que se construyen en los nuevos barrios obreros, donde, vaya por Dios, salen niños hasta de las grietas y humedades de las paredes.

Pero los que vivían bien, vivían de rechupete. Nunca han vivido mejor los que vivían bien que en estos tediosos años. Vivían como marajás. ¡Dios, cómo vivían! Enfrascando sus ocios en la contemplación de lujosas revistas como «Lencería París Chic» que, en el verano de 1953, seleccionaba maravillosas creaciones para el «ajuar» de las elegantes y privilegiadas, en donde no se encontraba ni el menor rastro de tejidos que no fueran seda, raso, sa-

tén, o el maravilloso y sensual *piel de ángel*, especie
de síntesis y compedio de los tres anteriores. Entonces sí que eran «equipos» los que se encargaban las
jovencitas, y algunos camisones, mañanitas o peinadores hasta se conservaban íntegros para sus hijas,
pues la abundancia de prendas hacía imposible el
poder estrenarlas todas. Fabulosos equipos donde
desde las combinaciones hasta la ropa de cama y mesa iban bordados en encajes, hechos naturalmente
a mano y con los más sedosos y suaves tejidos. Fabulosos equipos, que, como la lidia, creaban una casta aparte por la elaboración de un lenguaje que sólo
las iniciadas podían captar y comprender:

Entredós finísimos de *guipure*. De corte muy original, este camisón adornado en gasa rosa, sobre raso
blanco, y encajes pequeñísimos de *frivolité*. Muy nupcial
resulta este conjunto en 4 piezas en gasa nylon blanco
y un bies de encaje de Alençon sobre *crêpe-satin*...
Blusa plisada en *glacé* y calado Richelieu...

Y estas maravillas eran para la vida cotidiana,
porque, para las grandes solemnidades, una tal Ma-
rie De Lebigot se encargaba de proponer todos los
meses sinuosas «joyas» íntimas, tales como las que
mostraba, en el verano de 1953, con sugestivos nombres franceses:

A. *Somptueuse:* combinación de muselina color orquí-
dea, adornada con encaje de Alençon e incrustaciones de
satén.
B. *Mon coeur:* salto de cama en muselina de seda
blanca, adornada de una puntilla del mismo tono.
C. *Olivia:* camisón en muselina rosa pálido, adornado de encaje Alençon color crema.

Eran años en que, una de dos, o las damas eran
finísimas y de talles inverosímiles (que ya no han
vuelto a darse), o eran gordas como vacas y, entonces, daba igual lo que se pusieran.
Pero las esbeltas damas que compraban «Lence-

ría París Chic» y que encargaban a sus corseteros la ejecución de los patrones de tales prendas gozaban de una sin par autoestima. Muchas veces, sus prendas íntimas, aquellas bordadas combinaciones, aquellos delicados sujetadores, aquellas braguitas sin elásticos, manteniéndose suavemente por la perfección del corte o aquellas satinadas fajas, valían infinitamente más que sus prendas exteriores y eran cuidadas con cariño y veneración por las sirvientas que suspiraban arrobadas, mientras pasaban las largas tardes de invierno planchando las refinadas prendas íntimas de sus señoras.

Eran años también de una especie de lencería aerodinámica confeccionada con más modestas fibras, lino o algodón, y rebosante de rellenos y círculos concéntricos en torno al pecho que alcanzaba así proporciones inverosímiles para las niñeras y dependientas, quienes, muy ufanas, paseaban por el Retiro madrileño sus bien logradas protuberancias aéreas dejando K.O. técnico a los chorchis de turno.

Eran ya los años en que empezaba a expandirse la televisión en todos los hogares, y Arias Salgado, a la sazón ministro de Información, prohibía terminantemente, en 1957, el primer plano femenino en TV, porque, en su lógica puritana:

«En la vida real, nunca se está tan cerca de una mujer». Así que el rostro femenino era algo escabroso e irreal...

Por eso, el jolgorio y rechifla generales con que se saludó el nombramiento del «liberal» Fraga Iribarne como sucesor del torquemada Arias, allá por los años 1965, fue hasta motivo de coplillas populares como la archiconocida:

> Con Arias Salgado,
> todo tapado.
> Con Fraga,
> hasta la braga.

Con Fraga, vendrían los paradores de Turismo, la mayor red hotelera de Europa; una ligera liberalización de la censura en cines, teatros y prensa; y hasta un refrescamiento saludable en los programas de televisión. Eran los felices años sesenta, pero, entonces, no lo sabíamos. Si lo llegamos a saber, no hubieran sido tan tristes y tan pobres y tan mezquinos y con tantas ganas de escaparnos todos, aunque fueran unos meses a París, a Londres, o hasta a Roma. Decididamente, la utopía alude siempre al pasado... ¡Hablar ahora de los felices años sesenta...!

Pero, felices o no, los años sesenta conectaban ya con Europa y con lo que pasaba en Europa. Los *charters* a Londres o París estaban al alcance de estudiantes y curiosos de la vida, y, poco a poco, entraba algo de aire fresco en la recalentada arena española. Los años sesenta traían también consigo la masificación del pantalón y de su acompañante íntimo, el *panty*, verdadero remedio al amor y especie de coriácea protección para disimular mal llevadas mollas. Y, con los pantalones, se vino abajo, callada y silenciosamente, la lencería íntima, aquellas ornadas combinaciones y aquellos celestes ligueros, así como las ligas y hasta las braguitas caladas. Total, ya, ¿para qué?, si se colocaba una esa especie de cinturón de castidad que es el pantalón cerrado.

El *panty* era sólo la primera señal de un futuro amenazador. Porque, después, vendrían todos sus derivados, el *collant*; el *body*, el leotardo... ¡y adiós para siempre, adiós los juegos y ritos con el fugaz territorio de una pierna femenina! ¿Quién demonios puede sentirse bien, enfundada de nylon de los pies a la cabeza? Pues señores míos, parece ser que todas y cada una, porque lo difícil hoy día es dar con esa tienda cuyo secreto nos ha pasado alguna buena amiga que todavía conserva viva la llamita de la ilusión, la fantasía y la sensualidad, y nos ofrece medio a escondidas aquellas prendas grabadas en nuestra imaginación desde siempre, desde que empezábamos a dejar de ser niñas y espiábamos, inquietas, lo que se ponían nuestras madres, nuestras hermanas mayores, o las amigas de nuestras madres, y que nosotras, patosas, ni nos poníamos, ni nos quitábamos, ni sabíamos siquiera cómo se hacía...

Pero no adelantemos acontecimientos. A partir de los años sesenta, de poco vale ya esta diferenciación que se ha llevado escrupulosamente hasta ahora de las costumbres íntimas españolas, por un lado, y extranjeras por otro. Los Beatles, el *rock*, el *madison* y hasta mayo del 68 son las caras externas de madame Internacional y, de hecho, nos pertenecen a todos, porque, en todas partes, se alumbraron y avivaron con entusiasmo y veneración. A partir de los años sesenta, tocamos techo en lo que a diferencias nacionales en la ropa interior femenina se refiere, y mejor será tratarlo cómo fue: como una verdadera revolución cosmopolita, que ha cambiado los ritos y las costumbres vestimentarias, por igual en toda Europa, con siempre más poderosas influencias *made in USA* y que, de nuevo, nos lleva a orillas del Sena para vislumbrar sus albores.

El liguero rey

Marlene Dietrich en un fotograma de la película *El Angel
Azul*, de Josef von Stemberg.

El poderos valor erótico y fetichista de estas prendas femeninas reside en su contacto inmediato con la piel de la mujer en sus partes más íntimas y deseadas. En estos casos, el fetiche puede llegar a adquirir papel de reliquia, y su simple aparición, separado del cuerpo de la mujer, provocar la erección e incluso el orgasmo en los casos de sensibilidad exacerbada.

Erótica Hispánica, Xavier Domingo, París, Ruedo Ibérico, 1972.

A partir de 1945, la influencia USA sobre la antigua y señorial Europa es un hecho incuestionable. Música, arquitectura, diseño, medicina y, por supuesto, la nueva industria del cine ganan los mercados europeos en una avalancha edulcorada de chiclé, *sandwiches* y coca-colas y enfundada en transparente nylon que, antes de que quisiéramos darnos cuenta, había calado bien hondo en nuestras vidas.

Aquella guerra con el Japón aceleraría el descubrimiento del nylon. Años después, ninguna muchachita lloraría de pena por no poder comprarse medias. El nylon, a imagen y semejanza de su democrática madre patria, estaba a la altura de todos los bolsillos.

Después del nylon, sería el ban-lon, el perlón y mil residuos petrolíferos más hasta llegar a la actual polyamida, lo más sofisticado en fibra artificial conocido hasta la fecha. Nadie que no haya vivido, en los años cuarenta, la revolución de las fibras artificiales puede llegar a comprender el tremendo impacto que, en el tema de la confección y fabricación de prendas íntimas, ha tenido el desarrollo y aplicación de la investigación en el tratamiento de derivados del petróleo para la industria textil.

A partir de 1945, se impone también la confección en serie de las prendas íntimas, y los talleres artesanales de confección a medida y los refinados corseteros privados se baten en retirada. La posguerra vio, además, nacer una nueva simplicidad de la intimidad. Sólo la *pin-up*, la neumática *pin-up*, clamará en vano en el desierto oculto para volver a antiguos esplendores.

Los americanos ganaron en el frente de batalla y ganaron también en la retaguardia. Durante años, sus aerodinámicas *pin-ups* invaden terrenos desconocidos hasta entonces como los calendarios, cartas de juego, volantes de camioneros y talleres de mecánicos. En tiempos de privación y reconstrucción, la *pin-up* americana, de perfil agresivo, senos como obuses y vientres más lisos que las playas en marea baja, son el símbolo de la exuberancia, el despilfarro y la abundancia.

El modelo está claro: las sucesivas hornadas de Hollywood. Primero, fueron las Rita Hayworth, Betty Grable y Ava Gardner, para seguir con las Jane Mansfield y Marilyn Monroe. Hasta los años sesenta, el dibujo de la *pin-up* será pura y llanamente *made in USA.* La francesa Brigitte Bardott, que se impone como producto francés en el difícil mercado USA, con tanto éxito como su compatriota Renault, inicia la serie de modelos europeos, que continuarían con gran pompa y boato toda la pléyade italiana desde la Loren a la Cardinale pasando por las Lollobrigidas.

La *pin-up* americana gozaba de más ampulosa carrocería que el Cadillac y vestía con transparentes prendas de corte arácnido que prendían como alambradas. Vargas, el genial dibujante, heredero único de la gracia de un Hérouard o un Fabiano, fue el indiscutible rey durante décadas de la nueva imagen femenina, hecha de protuberancias y círculos, y gozó desde 1957 del homenaje del «Playboy» americano que reservaba escrupulosamente una página entera de su mensual a los diseños de Vargas. «Lui» haría lo mismo con Aslan, quien, como Vargas, consigue un dibujo que imita conscientemente la técnica fotográfica, en este momento en plena expansión. Sus dibujos, dieron asimismo el impulso definitivo al género, considerado entonces menor, pero multitudinario, del cómic, siendo sus más genuinos cultivadores los franceses Jean-Claude Forest y Pellaert, el italiano Crepax y el americano Jim, creador de una heroína torturadora y torturada que rebosa sadismo y crueldad. Todos ellos han sido imitados hasta la saciedad.

En Francia, el triunfo de De Gaulle y el comienzo de la V República coinciden con el apogeo de lo más vulnerable y asequible de la intimidad femenina: las ligas, las medias y el liguero. Miles de parejas de los años cincuenta han estado fascinadas por el uso del tabernáculo-liguero y su poderoso poder enmarcador. Miles de parejas que lo usaron y miles de parejas que jamás lo han visto han quedado marcadas por el liguero, fetiche de fetiches donde los haya. Y es que el liguero, más que una prenda femenina, era una prenda de pareja que una se ponía y otro quitaba. Diseñados y concebidos más para ser arrancados, que llevados, el liguero domina la imaginación erótica de los años cincuenta, aunque había gozado ya mucho antes de gran éxito con su fascinante poder evocador en aquel cabaret perdido de un pueblecito alemán, que la aristócrata Marlene Dietrich inmortalizara para siempre mientras cantaba: «De los pies a la cabeza estoy hecha para el amor», y paseaba su generosa anatomía por el minúsculo lugar pomposamente llamado «El Angel Azul».

Miles de parejas, ni se lo ponían, ni se lo quitaban. Lo llevaban siempre puesto. En la imaginación, o en la vida real. El liguero, de seda o nylon transparente, ornado de encajes y bordados y con sutil fantasía de colores, bailó su canto del cisne en los prometedores años cincuenta. Pronto empezaría el calvario de los amantes de la fragilidad femenina. El *panty* o faja-pantalón sería sólo la primera espina, el *collant* en los años sesenta remataría la faena, relegando al más inexpugnable secreto al rey de la fiesta de los años en que, en París o en Madrid, se pasaban las noches en vela, con la alegre compañía de poco elaborados vasos de vino y la juerga continua en las pupilas que no empezaban a decaer hasta bien alumbrado el nuevo día.

La culpa de todo la tendrían las dos innovaciones más trascendentales para la condición femenina que se hayan dado jamás: el pantalón y la minifalda.

El pantalón había coqueteado ya desde hacía siglos piernas femeninas, como prenda íntima, comenzando por los lujosos calzones de las Médicis renacentistas. Pero, como prenda externa, se había rechazado siempre para el mundo femenino por su equivalencia con la vestimenta masculina que dejaba sin sentido la expresiva sentencia: «Aquí, el que lleva los pantalones soy yo», que podía oírse con más o menos griterío de fondo por toda el área mediterránea.

Su introducción como prenda exterior femenina respetó solemnemente todos los pasos y ritos de iniciación. Primero, fue prenda para el deporte y las vacaciones veraniegas; luego, fue aproximándose paulatinamente a las señoras, comenzando por las niñas, adolescentes, jóvenes y señoritas hasta llegar a cubrir las solemnes piernas de damas de edad.

Todo fueron obstáculos al pantalón, desde la tajante prohibición en escuelas, talleres y oficinas hasta las conmiserativas sonrisas con que se obsequiaba a sus portadoras por las calles. Había que tener el valor y el éxito de una Brigitte Bardot para presentarse con ceñidos y turgentes pantalones a recibir una medalla de *monsieur le general* De Gaulle y encajar el sobresalto con que se vivió su desenvuelta *tenue.*

En Inglaterra, una larga tradición en el uso del pantalón íntimo, facilitada por el clima, favorece su rápida introducción en un medio que marcaría la pauta de la moda europea durante buenos lustros: las «ye-yés», las desmadradas *fans* de Beatles, Rolling Štones y compañía, marchosas y entusiastas como ningún otro *fan* de la historia, revolcándose felices con sus ceñidos *jeans* en la mullida hierba del Hide Park londinense, exhaustas de emoción y de fervor tras aquellos conciertos febriles de los Beatles en el templo sagrado de la música londinense, el Royal Albert Hall, del cercano barrio de Knigthsbridge.

Los *jeans* vinieron también vía Elvis, quien sacaba partido, como nadie, en el luminoso escenario del erotismo, de los pantalones mejor cortados del mundo.[1]

Y pasó lo que tenía que pasar. En los años se-

1. Observamos aquí la envidiable juventud de la autora de este libro, quien, si, por una parte, pudo investigar a fondo en los libros los «fondos» femeninos hasta la segunda guerra mundial, no despierta a nuestra historia más reciente hasta entrados los años sesenta, dejando algo abandonados los años 50, años en los que se dio el importante fenómeno del rock and roll. En efecto, con él, los jóvenes del mundo entero vivieron un cambio radical, no sólo en su modo de vestir, sino en su actitud vital, todo al ritmo endiablado del rock, baile prohibido por padres, curas, policías y Estados... Las chicas visten anchas faldas acampanadas, que dejan al descubierto, al dar vueltas, piernas, muslos y bragas, por lo que éstas pasan a ser elementos esenciales en su vestuario. Se las ponen a escondidas antes de salir a la pista de baile. Son de raso, por lo general; las más coquetas las adornan de volantitos y lazos. Los chicos adoptan los tejanos y las chaquetas de cuero. (Hacemos notar igualmente el impacto que causaron a las hoy cuarentonas los pantalones de raso ceñidos, sin bragueta, que llevaba Elvis Presley cuando Hollywood todavía no lo había convertido en «un buen chico»...) (N. del E.)

senta, todas las *teenagers* empezaron a ponerse pantalones e iban tan chistosas y saladas ellas en su ronda nocturna de *pubs*. Pero las entraditas en carnes las miraban rojas de envidia. ¡Ella y sus odiosos michelines! A su amparo, vendría rápidamente la industria de la lencería, ya en decadencia por el uso del pantalón que había relegado al más feroz de los olvidos corpiños, combinaciones, ligueros y ligas. Fue así cómo nació el *panty* (faja-pantalón en castellano), evocador de los primeros calzones renacentistas, pero confeccionado con tejido elástico de gran poder reductor. Los *pantys* pronto alcanzarían gran fantasía de colores, bordados y hasta volantes sobre las bien ceñidas rodillas.

La segunda espina serían los *collants*. De hecho, con el nombre de leotardos, espesos y casi siempre de colores oscuros, hacía tiempo que venían usándose por las bailarinas y gimnastas. La primera marca francesa en lanzarlos, como prenda íntima sustitutiva de medias y ligueros, fue Mitoufle. La expansión de la minifalda sería la espita que desencadenaría el fuego. La minifalda había sido lanzada ya a comienzos de los años sesenta por el revolucionario Courrèges, pero en plan fino y de alta costura. En los dédalos de Carnaby Street, una menuda inglesa volvería a lanzarla en plan *sport* y asequible a la poderosa clientela de quinceañeras. Era Mary Quant. Pronto, se haría de oro, porque, después de haber disfrutado de la comodidad del pantalón, las adolescentes sólo volverían a ponerse vestidos si se sentían igual de ligeras y cómodas. Y la minifalda obsequiaba con toda esta desenvoltura y desfachatez buscada con ahínco por las jovencitas de piernas aún sin formar.

Se expandió como un reguero de pólvora. Las rótulas femeninas hicieron su aparición, huesudas y firmes, en las pulidas calles europeas. En los países latinos, con la piel al aire, desnudas las piernas y alta la moral de pasear gozosas sus muslos al viento. En los países templados, su uso reclamó a voces el alargamiento natural de una media cuyo uso con liguero o con ligas habría supuesto orgiásticas escenas y apocalípticas reyertas por las calles.

La Mitoufle ni se lo pensó dos veces. Empezó a invadir los carteles publicitarios con su matemática publicidad: Mini-Mitoufle. Sin embargo, pronto quedarían desbordados por los pícaros italianos, los primeros en conseguir un *collant* de malla elástica, pero fina, y los primeros en ofrecer otros colores que la gama tradicional del carne blanco o negro. A finales de los años sesenta, encontrar unas medias normales era asunto más que imposible en almacenes y tiendas europeas. Las fábricas, arruinadas, provocaron más de una inundación a orillas del Támesis, el Tiber, el pimpante Sena o el encogido Manzanares, tales fueron las lágrimas vertidas.

Todos los subterfugios fueron vanos. Inútil sacar a relucir las prebendas eróticas de la inigualable media con costura: dejaron de ser inigualables y se inventaron *collants* con costura y, además, en distintos colores para fastidiar a lo grande. Inútil recordar lo antihigiénico de la doble protección, *slip-collant*. Los fabricantes lanzaron, aunque sin gran éxito, los *collants* con braguita incorporada. Tendría que pasar un buen tiempo para que las damas, cansadas del sistema cerrado externo e interno del pantalón y el *collant* volvieran, por sus fueros, de piernas al aire, descubriendo nuevas sensaciones en vestidos y medias con ligas, ligueros o presillas unidas a elásticas fajas en el caso de las que tenían territorios que ocultar.

Los años sesenta, años de expansión de las clases medias, de acceso al consumo de clases hasta entonces marginadas en el *carroussel* del consumo y la diversión, son años de una especie de hedonismo latente en todas las manifestaciones vitales y de un erotismo a flor de piel que invade la vida cotidiana. Un erotismo que no podía más que ser integrado como factor de orden y de prosperidad.

La publicidad de las prendas interiores femeninas ocupa páginas notables en la prensa periódica, en las revistas familiares, en el cine y en la televisión. La intimidad deja de ser un tabú. Todo el mundo puede ahora saber y reconocer cómo se visten las damas por dentro. Lá verdad es que la cosa no era difícil de aprender, porque la ausencia casi total de prendas íntimas hacía furor en las vísperas del festivo mayo de aquel año en que la primavera irrumpió con más ganas de traca que nunca: 1968. Fecha fetiche también en el corazón de los eternos jóvenes, de los que no se resignan a envejecer, a quienes el bendito mayo quitó años y kilos de encima.

Lo que antes de la segunda guerra había que ir a buscar en revistas porno, o poco menos, llenaba ahora los muros y papeles de las impresiones más burguesas y respetuosas. Formas sencillas, juveniles, de tejidos elásticos y hasta dionisíacos por su tacto y color. Mas he aquí que el cebo llegaba tarde, De Alemania, e imparables, venían vientos de liberación y soltura. Pocos años antes, al grito de *Oben Ohne* (arriba nada), las hijas de aquellas adustas y solemnes oficiales del Servicio de Ocupación Alemán pasaban a llevar camisetas de algodón, blusas de mielero, o camisones de la abuelita sobre sus pequeños e inciertos torsos desnudos. En Francia, en Inglaterra, e incluso en la puritana España, pasaría lo mismo. Sólo cambió el nombre. Eran las *sans-soutien* que dieron origen a tan concienzudos como obtusos análisis en prestigiosas revistas de sociología, buscando un pretendido trasfondo oculto a esta marea de liberación. A finales de los sesenta y principios del setenta, la protección interior femenina no podía ser más exigua: braguita y *collant* (en el invierno) y va que chuta; si eran hippies, yippies o demás, ni eso. Los ríos seguían desbordados, y los corseteros y lenceros rompiéndose la cabeza...[2]

2. Importante, esencial, fue la transformación radical en el vestir que aportaron los llamados *flower-people* californianos, gente pacificista que se negaba a ir, o colaborar,

La influencia americana vendría en su ayuda. Mientras las tradicionales casas europeas sufrían un temible bache de ventas y, sobre todo, de expectativas de cambio, en la joven y lejana América, Hollywood imponía machaconamente el tipo de *starlet* generosa de formas, de rellenos y de corazón. El altar de la *vamp* seguía teniendo sus velitas, marcando la norma de lo *sexy* y lo resultón. Diversas casas de corsetería lanzaban sin cesar nuevos inventos para la intimidad. Ninguna como el catálogo de Frederik conseguiría satisfacer las aspiraciones eróticas de la americana media y, por su difusión en toda Europa, merece un repasito a fondo.

Frederik (Mellinger por más señas) era un subalterno más en el poderoso tinglado de Hollywood, con el coco reblandecido de tanto ver escenas de interior y sulfurantes *deshabillés*. Un buen día, cansado de su papel secundario, reunió unos cuantos dólares y montó un par de minúsculas tiendecitas donde se ofrecía el *Hollywood look*, es decir los conjuntos, colores y formas que sacaban las estrellas en las más famosas películas. Era el año 1947... Venticinco años después, en 1972, *Frederik's of Hollywood* era todo un imperio de más de 68 almacenes de ropa interior femenina, distribuidos de costa a

con la guerra de Vietnam, que rompía sus cartillas militares y vivía en comunidades o comunas, practicando el amor libre («Haz el amor, no la guerra»), cultivando la tierra y volviendo a la artesanía como protesta contra la sociedad de consumo y el *American way of life*. Auténticos disidentes, cambiaron su vida y, con ella, su manera de vestir y peinar: se adornaron con derroche de imaginación; se pintaron las caras las chicas, recuperaron la ropa de sus abuelas, sus sombreros y sus pieles... pero, en la lucha por la libertad total, dejaron bragas, medias, sostenes y otras ataduras en los cajones de sus bien pensantes hogares abandonados. La cuestión es que, desde entonces, ninguna moda precisa ha vuelto a imponerse, y la gente viste como quiere. (N. del E.)

costa de la geografía americana, y de los más difundidos catálogos de prendas íntimas.

El tipo, que de tonto no tenía un pelo, equipado con sus largos años de *voyeur* en la cabeza, consiguió que las americanas retuvieran desde el principio su máxima capital: *«The Hollywood look is the look he'll love»*,[3] que viene a decir, más o menos, que, imitando el estilo Hollywood, se gustará a *El*, o sea, a los hombres.

En 1972 y con motivo de sus bodas de plata con la piel femenina, editó un completo catálogo de todas sus creaciones internas y externas durante los años de feroz aprendizaje. Por aquella época, los pedidos provenían, no sólo del territorio de las cincuenta estrellas, sino de allende los mares: Alemania, Francia, Inglaterra, Italia, etc. En él, y tras un editorial con expresiva declaración de principios: «Me gustan las mujeres. Me gustan sus curvas. Me gusta mirarlas. Por eso yo las haré siempre *sexies*, siempre femeninas, siempre amadas por los hombres...» entraba en materia con la pormenorizada exhibición de todas las novelas que le habían configurado como «el genio de las figuras».

El suculento y bien editado libro constituye un documento de primera mano a la hora de observar cómo han ido cambiando los gustos, la estética y hasta la anatomía femenina en el país de Presley, Dylan, el jazz, el fox-trot y la caída baba de Nancy Reagan. Aunque el círculo, la protuberancia y las curvas sinuosas sean siempre el hilo conductor de la barroca imaginación de este hombre que se emperró en popularizar los más inverosímiles trucos para que todas las mujeres tuvieran la aplastante anatomía de una *star*. Así, por ejemplo, vemos los sujetadores puntiagudos y concéntricos de finales de los cuarenta, dotados de estratégicos rellenos; fajas, *corselets* y

3. Para esta cita y las siguientes, consultar al catálogo «Frederik's of Hollywood, 1947-73», Drake Publishers, Nueva York, 1973.

ligueros satinados de los cincuenta, provistos todos ellos de parches, recortes y elásticos por aquí y por allá, para moldear a placer la figura femenina a la que incluso se llega a ofrecer sujetadores hinchables...

Ya en 1957, sugiere los primeros pantalones superceñidos y siempre con altos tacones. O sea que de aire masculino nada. Confeccionados en *latex*, o en satén, y religiosamente negros, darían mucho que hablar. En 1963, vuelve a presentarlos en *lurex stretch*, y *strech denim*, o sea aún más elásticos y moldeadores. Su éxito fue avasallador.

En el 1966, presenta los primeros *shorts* tipo *jean*, igualmente ceñidos y cubriendo exiguamente el abdomen femenino. En el 1970, daría paso a los *bodys* y los monos, siendo los primeros mucho más *sexy* y reveladores de formas que los segundos.

Los dibujos, exaltantes de curvas, reflejan damas pechugonas, de cinturas minúsculas y abovedadas caderas que recogen piernas infernalmente largas y torneadas. Todo ello muy hollywoodiano.[4] Pero donde se desborda la calenturienta imaginación del *manager* es en la serie de prendas que bautiza astutamente con el nombre de *frenchy look*, o sea al estilo francés, y a las que dota de los más divertidos y perversos ingenios, con agujeros estratégicos en braguitas y sujetadores, o vaporosas combinaciones a tiras que convierten su *Hollywood look* en algo de niños y casi monacal. El *frenchy look* se vendía como rosquillas en USA y otro tanto pasaba con el *Hollywood look* en Europa.

El capítulo «playa» está particularmente bien tratado, bajo el genérico *Torrid Torsos*, no contentándose con ofrecer los clásicos bañadores o los no-

4. En efecto, a partir de los últimos años sesenta, el mundo del vestir parece haberse escindido en dos: una minoría vestida según cánones tradicionales, sin demasiada invención, y una mayoría vestida a su aire, al principio con gran imaginación y hoy, por desgracia, con la más aburrida vulgaridad y uniformidad. (N. del E.)

vedosos bikinis (el primero se sugiere ya en 1952), sino que obsequia también a su multitudinaria clientela con nikis, blusas, albornoces, falditas y *shorts* para cuando se sale del agua que son un chispeante exponente de la fantasía americana, donde dibujos con tipas sensuales y perversamente obscenas se acompañan a veces de cubitos y palas. El efecto no puede ser más surrealista...

En el período 1966-72, y con la consigna: «*Be a summer siren*», ofrece toda una serie de estrafalarias picardías para la arena, convertida, por obra y gracia de Frederick, en sucursal de cualquier estudio de cine.

Y no acaba ahí el capítulo de novedades. Cuestión zapatos y sandalias, no se ha dicho nada nuevo sobre tacones, formas y pulseras en las sandalias, que lo que ofrecía Frederick desde 1947. Hasta los zapatos Charles Jourdan, cargados de un tremendo fetichismo en la actualidad, no dejan de ser una buena imitación de los diseños de Frederick, el primero en idear esos tacones altos, tipo babucha turca, o esos empeines dobles que realzan la curva del pie tanto como la curva de un seno o de un cadera.

De 1947-51, ofrece una colección de sandalias, siempre con tacones kilométricos, que han vuelto a verse con profusión en los paseos marítimos europeos de los últimos años. Otros diseños aluden a las sandalias romanas o a las egipcias con el sofisticado diseño de una de ellas, llamada Cleopatra, que se ha repetido hasta la lasitud en cómics sadomasoquistas y de placeres torturantes. Es la colección de sandalias a la que denomina *Flirtation walk*... algo así como «paseo ligón»...

En 1963, presenta ya botines y botas para llevar con faldas y con pantalones, y de diseño también absolutamente moderno, que nuevamente son los precursores de tantos *souliers* Christian Dior, Pierre Cardin, etc.

En el camino de ida y vuelta que se establece entre Francia y USA, a partir de los cincuenta, fundamentalmente, las novedades americanas serán recibidas aquí como muy atrevidas, mientras no hay nada más escandaloso y perverso que las novedades francesas en América. En realidad, todo se fraguó en la mente de este inquietante e inquieto tendero que, merecidamente, se ganó el título de rey del nylon y el *pastiche*.

Nuevos tiempos emergen mientras tanto para la industria corsetera, nuevamente en alza, tras el asentismo de los años sesenta. Soterrada y secretamente, medias, ligas y ligueros han resistido a la invasión y han terminado su maquis triunfalmente: vuelven a estar en la imaginación y en las piernas de damas que conciben su uso como un juego y a quienes divierte verse así ataviadas en la intimidad de sus espejos de dormitorio. Y esto sí es una novedad importante en relación a épocas pretéritas. Los ligueros no sólo son funcionales, no sólo cumplen su cometido de sujetar las medias, sino que se ponen *conscientemente*, sabiendo lo que eso *significa*, encontrando un nuevo placer en sentirse abierta a todos los vientos y expuesta a mil juegos desconocidos con esa secreta piel que queda libre y realzada con el liguero. Por eso, las damas, pícaras ellas, confiesan —a las que les divierte hablar de estos temas— que ellas se colocan la braguita sobre el liguero y no al revés... ¡tonta!... ¡cómo hacían nuestras madres!...

Mas no dejan, por ahora, de ser juegos ocultos y actitudes elitistas, y hasta aristocráticas, ante la vida de presión y pasión por ahorrar tiempo que nos agita sin piedad en nuestros días. No dejan de ser actitudes singulares en un mundo traumatizado por la prisa y la velocidad en comer, en beber, en hablar por teléfono, en viajar, en no escribir una carta, en vestirse deprisa y corriendo y de igual manera para ir a trabajar que para ir a cenar, o acudir a aquella cita ansiada tras los interminables días cotidianos. Vestirse deprisa y corriendo, y olvidarse que es por dentro por donde nos identificamos y nos manifestamos de manera más genuina, porque sólo nosotras lo sabemos y aquellos escogidos(as) privilegiados(as) que a nuestra intimidad tienen acceso.

Su ausencia no ha creado más que obsesionados por las menores prendas íntimas que han vuelto a alcanzar categoría de fetiches. Toda la pintura de Urculo es un maravilloso y casi paradisíaco (por los colores) himno a los ligueros y medias femeninas; y el pintor Carlos Pradal, afincado desde hace tiempo en París, no pinta últimamente sino maniquíes ornadas con exuberantes prendas íntimas, porque debe de ser que sus amigas ya no las usan y hace tiempo no las ve sobre mujeres de carne y hueso; por no citar a Roldán, el también español Modesto Roldán, afincado en Bruselas, cuya obra pictórica es también un puntilloso y espléndido homenaje al poder evocador de las íntimas prendas femeninas.

La prensa también se hace eco de la añoranza y nostalgia de algunos por un pasado que estuvo *lleno* de damas *llenas* de innumerables ropas-escondrijo. Así, el «France-Soir» del 26 de septiembre de 1979 reseñaba la noticia de la detención de un obseso de la ropa interior femenina:

Un maníaco del *sous-vêtement* femenino ha logrado robar en seis meses 350 sujetadores y slips de los tendedores de ropa de sus vecinas en la región de Chantilly.
Francis Drault, de 22 años, residente en Méru(Oise), ha sido pillado con las manos en la masa por el marido de una de las víctimas, exasperado por la sistemática desaparición de las prendas íntimas de su mujer.[5]

Ya en 1964, se arrestaba en París a un *amateur de dessous*, quien, sin embargo, no robaba nada, sino que se dedicaba a espiar las faldas de las viandantes, ayudado de un pequeño espejo que había

5. Esta cita y las siguientes sobre las detenciones de maníacos de la intimidad femenina están tomadas de la obra de Romi, ya citada, *Histoire pittoresque du pantalon feminins*.

298

ocultado en los bajos de su pantalón. Así pasaba las horas muertas delante de los escaparates donde se paraban las mujeres...

Otro *voyeur* fue detenido en el metro, en marzo de 1979, por escándalo y refriegas. En efecto, le había dado un tortazo a una joven que le trataba de *cochon* (cerdo). En este caso, llevaba el espejito colocado sobre una pequeña cesta de mimbre, que colocaba justo debajo de las piernas de sus elegidas. Una joven había observado sus manejos y la había armado en el metro, hasta que el hombre, furioso, le soltó un cachete. Ya en el cuartelillo, expuso así al comisario el porqué de su cólera:

Lo que me ha sacado de quicio es el descaro de esa gamberra. Te habla de moral, te llama mil historias, te pone de vuelta y media y va, y se pasea por el metro, sin una mala braga que ponerse...

Libros y publicaciones consultados

Alarcón, Pedro Antonio de: *Viajes por España*, Sucesores de Rivadeneira, Madrid, 1892.

Alonso Tejada (en realidad, Oscar Caballero): *La represión sexual en la España de Franco*, Luis de Caralt, Barcelona, 1977.

«Almanaques de los golosos y de las guapas», Publicación mensual que abarcó cuatro números, desde diciembre de 1976 a marzo de 1977, Madrid.

Belda, Joaquín: *La Coquito*, Libros retozones, Paralta Ediciones, Pamplona, 198.

Blum, Stella: *Desings by Erté. Fashions drawings and illustrations from Harpers Bazaar*, Dover Publications, 1976.

Boehn, Max Von: *La moda*, 9 Vols., Salvat Editores, Barcelona, 1944.

Boutet, Henri: *Autour d'elles*. Librairie Ollendorf, París 1899.

Brantôme: *Les dames galantes*, Livre Club du Libraire, París.

Bravo Morata, Federico: *Historia de Madrid*, tomo IV, «La Postguerra», Ed. Fenicia, Madrid, 1978.

Camba, Julio: *Londres*, Espasa-Calpe, Col. Austral, Madrid, 1939.

Cassin-Scott, Jack: *Costume and fashion 1550-1760 y 1760-1920*, 2 vols., Blandford Press, Poole-Dorset, 1971.

Cien años de cultura catalana, 1880-1980, Dirección General del Patrimonio Artístico, Archivos y Museos.

Colección General de los trajes que en la actualidad se usan en España. Principiada en el año 1801 en Madrid, Sociedad de bibliófilos españoles, Madrid, 1973.

«Crónica», Revista madrileña, n.° extraordinario de primavera, agosto de 1934.

De Aulnoy, Condesa de: *Viaje por España*, Ed., Iberia, Barcelona, 1962.

Descamps, Marc-Alain: *Psychosociologie de la mode*, PUF, París, 1979.

Domingo, Xavier: *Erótica hispánica*, Ed. Ruedo Ibérico, París, 1972.

Domingo, Xavier: *La viuda andaluza*, Ruedo Ibérico, París, 1972.

Duncan, Isadora: *Mi vida*, Ed. Debate, Madrid, 1977.

Erotique du Surrealisme, J. J. Pauvert éditeur, París, 1965.

«Fascination», *Le Musée secret de l'érotisme*, Albumes 1.° y 2.°, París, 1979.

Frederick's of Hollywood 1947-73. 26 Years of Mail Order Seduction Castle Books, New Jersey, 1973.

Gordon, Jan y Cora: *La gente sencilla de España, Publicaciones de la Universidad de Murcia*, 1980.

Haedrich, Marcel: *Coco Chanel íntima*, Dopesa, Barcelona, 1973.

Hérouard, C.: *Divinité des corps*, Ed. Déese, Nanterre, 1976.

Iturbe, Lola: *La mujer en la lucha social española*, Editores Mexicanos Unidos, S. A., 1974.

Kybalová Ludmila, Herbenová Olga, Camarová Milena: *Encyclopédie illustrée du costume et de la mode*, Gründ, París, 1970.

La moda femenina en la literatura, Taurus, Madrid, 1965.

Laurencin, Marqués de: *Relación de los festines que se celebraron en el Vaticano con motivo de las*

Laurent, Jacques: *Le nu vêtu et devêtu*, Gallimard, París, 1979.

Lexique succint de l'érotisme, Eric Losfeld éditeur, París, 1970.

bodas de Lucrecia Borgia con D. Alonso de Aragón (Madrid 1916), Academia de la Historia, Madrid, 1972.

«Lencería París Chic», Revista con distribución en Francia, España y Brasil, Ediciones Thais, verano de 1955.

Longares, Manuel: *La novela del corsé*, Seix Barral, Barcelona, 1979.

Martí Ibáñez, F.: *Consultorio Psíquico-sexual*, Tusquets Editores, Barcelona, 1975.

Martín Gaite, Carmen: *Usos amorosos del siglo XVIII en España*, Ed. Siglo XXI, Madrid, 1972.

«Marie-Claire», revista mensual, enero de 1981, París.

Mensuels de Charlie, artículos sobre la historia de la ropa interior femenina: *Madie fée du logis*, de 1979-80-81.

Michener, J. A.: *Iberia*, Plaza y Janés, Barcelona, 1978.

«Miss» y «Chic», revistas mensuales madrileñas, años 1931-32.

Moliner, María: *Diccionario de .uso del español*, 2 vols., Ed. Gredos, Madrid, 1973.

Morales, M.ª Luz: *La moda*, tomos IX, X y XI, Salvat, Barcelona, 1947.

Museo de Indumentaria, Colección Rocamora (Barcelona), publicaciones del Ayuntamiento, 1970.

Nash, Mary: «Mujeres Libres». *España 1936-39*, Tusquets Editores, Barcelona, 1976.

Nin, Anaïs: *Delta de Venus*, Bruguera, Barcelona. 1978.

Nin, Anaïs: *Diario*, 4 vols., desde 1931-47, Editorial R. M., Barcelona, 1977.

Nörgard, Erik: *Quand les hommes rêvaient à l'amour*, Eric Losfeld, París, 1972.

Pardo Bazán, Emilia: *La mujer española*, Editora Nacional, Madrid, 1976.

«París Magazine», Publicación mensual, n.º 33, mayo de 1934.

Perrot, Philippe: *Les dessus et les dessous de la burgeosie*, Fayard, París, 1981.

Romi : *Mithologie du sein*, J. J. Pauvert, París, 1965.

Romi : *Histoire pittoresque du pantalon féminin*, Jacques Grancher éditeur, París, 1979.

Robertson, Ian: *Los curiosos impertinentes. Viajeros ingleses por España. 1760-1855*, Editora Nacional, Madrid, 1975.

Sacher-Masoch : *La Venus de las pieles*, Jesús Díez editor, Barcelona, 1979.

Shaw Fairman, Patricia: *España vista por los ingleses del S. XVII*, S.G.E.L., Madrid, 1981.

Starkie, Walter: *Aventuras de uu irlandés en España,* Espasa-Calpe, Col. Austral, Madrid, 1965.

Saint-Laurent, Cécil: *L'Histore imprévue des dessous feminins*, Solar, París, 1966.

Taine, H : *Notas sobre París*, Espasa-Calpe, Madrid, 1923.

Thomas, Bernard : *Jacob. Un anarquista de la Belle Epoque*, Ediciones de la Flor, Buenos Aires, 1971.

Un siècle de Pin-up, Col. Redécouvertes, Ed. Planète, París, 1971.

Villeneuve, Roland : *Fétichisme et amour*. Ed. Azur, París, 1968.

Walderg, Patrick: *Eros in la Belle Epoque*, Grove Press, New York, 1969.

Weigert, Roger: *Incroyables et merveilleuses (París, 1810-18)*, Col. «Costume et mode d'autrefois», Horace Vernet éditeur.

Weill, Alain : *Art-Nouveau Post-Cards*, Londres, 1977.

Wiesenthal, M : *La Belle Epoque del Orient-Express*, Geocolor, Barcelona, 1979.

Yarwood, Doreen: *Costume of the Western World*, Guilford, Surrey, 1980.

JUNE 1925

Coleccion Los 5 sentidos

1. Cocinar hizo al hombre
    Faustino Cordón

2. Cuando sólo nos queda la comida
    Xavier Domingo

3. Manual de anfitriones y guía de golosos
    B.A. Grimond de la Reynière

4. Dime cómo andas, te drogas, vistes y comes...
    y te diré quién eres
    Honoré de Balzac

5. «La mejor cocina extremeña escrita por las dos
    autoras Isabel y Carmen García Hernández»

6. El gran arte de los fondos, caldos, adobos y potajes
    M.A. Carême

7. Un festín en palabras
    Jean-François Revel

8. Del paraíso al jardín latino
    N.M. Rubió y Tudurí

9. Banquetes de amor y muerte
    María del Carmen Soler

10. La mesa del buscón
    Xavier Domingo